더니특이스스로죄를아고궁댱밧긔
챰의니러분복호야글오디써져
너디이나셔궁당빗슬디나더니호
ᄋᆞ궁듕으로부터답을너머오거ᄂᆞᆯ
득시도젹인슐위고소ᄅᆡ를디르며ᄶᅩᆺ가니
기인이가다거ᄂᆞᆯ리곳라나거ᄂᆞᆯ내거두
지녕의도라와ᄀᆞ초곤쥬의ᄶᅩ기를드리
더니쇼우리쥬인본더람심이만홈디라나
의부스러ᄃᆞ리믈ᄃᆞ고친히와보기ᄅᆞᆯ구ᄒᆞ거ᄂᆞᆯ

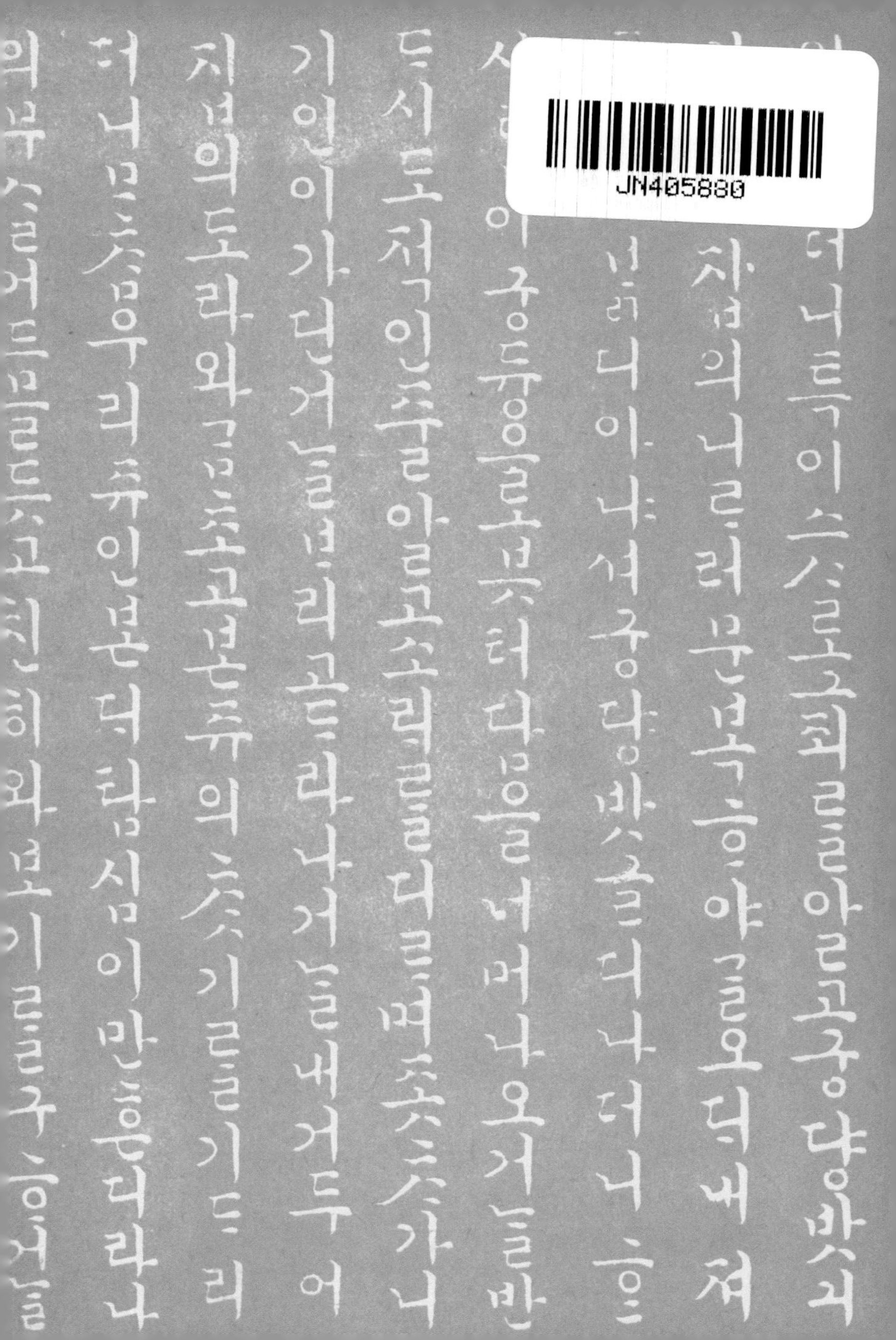

조선시집 전기
朝鮮詩集 前期

김소운 저작 선집 - 역시편 2
조선시집 전기 朝鮮詩集 前期

초판1쇄 발행 2025년 9월 22일

엮은이 김광식 · 나카이 히로코

주간 조승연
편집 · 디자인 오경희 · 조정화 · 오성현
신나래 · 박선주 · 정성희
관리 박정대

펴낸이 홍종화
펴낸곳 민속원
창업 홍기원
출판등록 제1990-000045호
주소 서울 마포구 토정로25길 41(대흥동 337-25)
전화 02) 804-3320, 805-3320, 806-3320(代)
팩스 02) 802-3346
이메일 minsokwon@naver.com
홈페이지 www.minsokwon.com

ISBN 978-89-285-2163-0
S E T 978-89-285-2161-6 94380

김소운 저작 선집 - 역시편 2

조선시집 전기

김광식 · 나카이 히로코 공편

金素雲 著作 選集 - 譯詩編 1

朝鮮詩集 前期

金廣植 · 中井裕子 共編

목차

Contents

해제

조선의 새로운 시심을 번역해 남긴다

하나의 조선판 문예부흥운동

글 나카이 히로코中井裕子
번역 김광식

조선의 새로운 시심을 번역해 남긴다

하나의 조선판 문예부흥운동

나카이 히로코中井裕子

머리말 – '출범'하지 못한 두 권의 처녀 시집

김소운은 언제부터 시를 썼을까? 소년 시절의 습작은 발굴되지 않았고, 소운 자신도 신문 투고[1] 이외에는 자세히 언급하지 않았다. 그러나 일본어 번역판 자서전 『하늘 끝에 살아도天の涯に生くるとも』(이하 '하늘끝')[2]에 따르면, 일본에서 백 쪽도 안 되는 얇은 소년잡지에 두어 차례 투고했고, 2등과 가작으로 입선해 잡지에

---

1 「신문팔이로부터」 라는 제목으로 「都新聞」(1923년 2월 16일자)에 투고하여 신문팔이 소년에 대한 부당한 폭력을 고발하였다.

2 新潮社, 1983년 5월 일본어 번역판, 1898년에 강담사(講談社) 학술문고판으로 다시 간행되었다. 여기에서는 1898년 일본어 문고판을 사용했다.

도 게재되었다고 한다. 그리고 취업과 동시에 학교를 알선해 준다는 광고를 믿고 상경했다.

번역시집 『젖빛 구름乳色の雲』[3](1940년 4월)의 후기 'R에게 - 후기를 대신하여'에서도 일본어 시집을 자비 출판하려 했으나 좌절했다고 적었다. 1923년 9월 '지진 1, 2개월 전', 즉 1923년 7, 8월경 오사카 스미요시의 시인 모모타 소지百田宗治에게 서문을 부탁하고, 시인 세타 야타로瀨田弥太郎의 도움을 받아 시집을 출판하려고 했지만, 출판 자금이 부족해 뜻을 이루지 못했다. 자서전에서도 오사카에서 잡지 『고락苦楽』을 주재한 나오키 산주고直木三十五 등과도 교류하고 일정한 평가를 받았음을 알 수 있다.

김소운 연구자 무라카미 후사코의 연보[4]에 따르면, 김소운은 1925년(16세) 시첩 『출범』을 부산의 초량경남인쇄사에서 조명희 서시, 안석영 장정, 나혜석 그림으로 5백 부를 인쇄했으나 인쇄비 미납으로 불과 십여 부만 받고 유산되었다고 한다.

필자의 조사에 따르면, 최남선 주필의 『시대일보』 문예란에 1925년 11월부터 18편의 단시가 발표되었다. 이러한 작업이 한일 시집의 원석이 되었을 것으로 추정된다. 이 시 중에는 사춘기의 고뇌, 식민지와 종주국의 사회구조에 대한 회의와 절망도 엿보이고, '그대들은 이렇게 살라'(1926.5.9)와 같은 자타를 고무하는

3 당초는 후지시마 다케지(1867~1943)가 표지 그림을 제공할 예정이었지만, 출판이 앞당겨져 "흰색 표지"로 나왔다.

4 東大比較文學會, 『比較文學研究』 79(2002.2) 및 93(2009.6).

시도 있다.

『시대일보』가 1926년 8월에 종간된 이후에도 소운의 시 투고는 『조선지광』, 『문장』, 『조선문학』 등에서 계속된다. 김소운은 적어도 44편의 자작시를 신문과 잡지에 투고했다.

김소운의 지인 백철의 평가도 흥미롭다. 백철은 김소운의 시를 소개하면서 창작 시인으로서도 개성적인 면모를 보였다. 결국, 그는 삶과 현실에 대한 일정한 자기 고집(신념)을 지녔고, 작품을 통해 그 신념을 주장하는 주제시主題詩를 쓰는 일종의 관념 시인이었다. 그러나 그의 신념과 오만이 현실에서 용납되지 않고 학대받을 때, 그것은 회의로 바뀌고 고독이 시인을 엄습했다고 보았다.[5]

모란공원에 있는 김소운의 묘비에는 '시인' 김소운의 묘라고 적혀 있다. 김소운은 개인 시집을 생전에 남기지 않았지만, 번역을 통해 '조선의 시심詩心'을 일본에 전하려 한 시인이었다.

1. 일본어 번역 전략과 일본 문단과의 교류

번역 방식에 대해 김소운이 어떻게 자평했는지 알 수 있는 글이 전술한 『젖빛 구름』의 후기이다. 여기에서 오랜만에 나가이

5 백철, 『朝鮮新文學思潮史』 現代篇, 白楊堂, 1949, 280~281쪽.

가후永井荷風의 프랑스 근대 서정시선 『산호집』을 다시 읽으며 "거기에는 가후라는 번역자가 없고 보들레르나 베를렌이 직접 얼굴을 내민다. 훌륭하다고 생각한다."고 평가했다. 이에 대해, "이 '젖빛 구름'은 사실대로 말하자면, 나 자신의 시집과 같은 것이다. 그것을 가장 송구스럽게 여긴다."고 고백했다(밑줄은 필자에 의함, 이하 동일). 이상의 시 '잠자리蜻蛉'와 '일야一夜' 등은 고故 이상의 편지에서 모티프를 얻은 완전한 창작이다. 그러나 그것이 역으로 소운이 애송한 일본 서정시에 더 가까워져 일본 시인과 독자들을 매료시킨 것이다.

후지에다 시즈오藤枝静男의 기억에 따르면, 김소운은 무로 사이세이室生犀星, 사토 하루오佐藤春夫, 미요시 타츠지三好達治, 하기와라 사쿠타로萩原朔太郎의 시를 애창했다고 한다. 시를 낭송하며 즐기는 스타일은 근대 일본 시인들이 즐기던 낭송회를 떠올리게 한다. 패전 이전에는 시를 낭송하며 즐겼는데 오음칠음의 리듬과 각운脚韻 등을 귀로 음미했다. 소운은 오사카 쓰루하시鶴橋, 도쿄 헤비쿠보蛇窪, 가마쿠라 하세오야토長谷大谷戸 등 조선인 집단 거주지에 살며 오사카 시단, 마고메馬込 문인촌의 문인들, 가마쿠라 문인들과 교류했다.

일본의 문인들도 지방에서 상경하여 타향살이하는 이가 많았다. 하쿠슈白秋는 후쿠오카현 야나가와, 사이세이는 이시카와현 가나자와, 사쿠타로는 군마 등 타향에 살거나 말년까지 돌아가지 않은 문인도 있었다. 그런 문인들의 고향에 대한 그리움, 향수를 소운의 번역이 자극했다. 이러한 향수의 공감대가 일본 문단과 독자들에게 수용되었다고 필자는 생각한다. 실제로 '나는 나라도 집도 없단다'(정지용 '카페 프란스')는 망국민의 고향에 대한 그리움은 더욱 깊고 고뇌에 찬 것이었다고 후쿠나가 다케히코福永武彦는 지적했다[6].

모모타 소지百田宗治, 시로토리 세이고白鳥省吾뿐만 아니라 김소운을 지지한 일본 문인들이 있었다. 패전 후에도 계속된 그들의 소운과의 교류도 인상적이다. 『김소운 대역시집對譯詩集』(중中)의 속표지에 소개된 이케다 가쓰미池田克己가 그 단적인 사례다. 1932년 6월 도쿄 구단에서 찍은 기념사진을 실을 정도로 친분이 두터웠다.

소운은 이케다의 장례식에도 참석했고, 한국에서 출판한 번역시집(역시집)에 이케다와의 기념사진을 싣고, 권말에 1956년에 쓴 일본 미래파의 구보타 한야窪田般弥의 글을 실어 1953년에 타계한 이케다 영전에 애도를 표했다.

그리고 이케 마사지池正路인데, 소운은 일찍 세상을 떠난 이케의 시 15편을 모아 시집 『수정충水晶蟲』(1931년 4월)을 간행했다. 이케는 소운에게 양복을 빌려주기도 하고, 책 사이에 돈을 넣어 빌려주기도 했는데 같은 하숙집 생활을 한 동료였다. '해바라기는 새벽을 부른다'라는 이케의 시를 발견하여 1958년 『친화親和』 60호에 '1932년 작'으로 게재하기도 했다. 김소운의 삶은 이처럼

---

6 福永武彦, 『異邦の薫り』, 新潮社, 1979, 196쪽.

한반도와 일본 문인들의 지지를 받았다.

2. 세 권의 출판 협력자들

1943년 8월『조선시집(전기前期)』, 10월『조선시집(중기中期)』(흥풍관興風館)의 판권지 뒤에 전체 기획과 평가에 대한 선전 문구가 실려 있다. 여기에는 전기, 중기에 이어 후기後期를 포함한 세 권을 기획했고, 두 달마다 한 권씩 발행할 예정이었다고 적혀 있다. 다음은 아마도 편집자 무라카미 노부히코村上信彦의 글이라고 판단된다.

조선시단 40년의 총결산!!

협소한 언어의 감옥 속에서 고립된 보루를 지켜온 조선의 뛰어난 시심詩心을 누조鏤彫[금속 가공 등에서 조각에 앞서 표면에 모양을 새기는 기법 중의 하나로, 금속가공과 같은 예술이라는 의미]의 명역名譯으로써 마치 금석金石처럼 갱쟁鏗錚 유량嚠喨한 울림을 전한다. 우리가 조선에 대해 알아야 될 것이 많지만, 이 세 권의 역시집처럼 내선內鮮 문화의 억세고 강력한 교류 결속의 포석이라는 의미에서 급박하고도 가장 뛰어난 것 중 하나이다.

여기에는 협소한 언어의 감옥 속에서 고립된 보루를 지켜온 조선어에 대한 경시관, '내선內鮮 문화'의 억세고 강력한 교류 결

속의 포석, '내선일체內鮮一體'의 출판 목적을 명확히 드러난다. 다만 당시 언론 통제 하에서 출판의 필요조건이었을 지도 모른다. 소운의 번역을 금속공예와 같은 '누조鏤彫의 명역'이라고 칭송한 것은 과장이 아니며, 무라카미가 소운에게 조선시 번역을 의뢰한 이유도 이 점에 있다.

또한, 뒷면의 선전 문구와 함께, 시인 미요시 다츠지三好達治가 소운의 번역이야말로 '세계적으로 높은 수준'이라고 높이 평가한 것도 이를 뒷받침해 준다. 미요시의 이 평가가 실린 『옥상의 닭屋上の鶏』은 1943년 문체사文體社에서 간행된 수필집에 수록된 것이다. 미요시의 평가는 '김동환 씨'라는 제하에 실린 제목의 대담에서도 등장한다.

이 수필에서 미요시가 조선인의 문학적 재능에 대해 충분히 신뢰할 수 있었던 것은, 김소운의 번역 역량이 높았기 때문이며, "오늘날 일본 시단의 현실에서는 오히려 부러워할 만한 품위와 기질의 것"이며, "번역 시인으로서의 김소운의 재능을 예로 들어도, 조선 시인의 자질이라는 것이 얼마나 괄목할 만한 것인지" 분명하다며, 김소운을 조선 시인의 대표로 여길 정도의 심정을 토로하였다.

일본어라도 쓸 것인가, 아니면 붓을 꺾을 것인가라는 선택이 강요되는 문단의 고뇌를 제대로 인식했는지는 모르지만, 무라카미 편집의 역시집이 흥풍관에서 기획되었다.

3.『조선시집』 전기, 중기에 실린 시와 시인

소운은 「후기」에서 조선문학의 미래에 대해 김동환과 마찬가지로 "조선어는 이미 종지부를 찍으려 하고 있다. 삶의 구석구석에서 그림자를 지운다는 것은 아니지만, 살아 있는 사회적 기능은 이제 이 말에는 없다. 잡지나 신문도 조선어로 된 것은 거의 90%가 폐간된 오늘날, 조선 작가와 시인들은 무엇으로 그 표현 의욕을 충족시킬 것인가. 설령 작품이 있다고 해도 앞으로 7, 8년이 지나지 않아서 그것을 읽을 사람이 없어지지는 않을까?"라며 위기감을 토로했다.

김소운은 잡지『문장』20여 권,『인문평론』약 10권,『가톨릭청년』19권, 개인 시집 20여 권, 문학 전집과 시인선집, 자작시 200여 편, 그리고 스스로 스크랩한 시까지를 포함한 방대한 후보작 중에서 작품을 선정했다. 당시 젊은이들은 아일랜드 문예부흥 운동의 영향을 받아 모국어로 많은 시를 창작하고 있었다. 이광수를 비롯해 1919년 도쿄 독립선언 등 유학생 독립운동에 참여한 시인, PASKYULA, KAPF에 소속된 박영희, 임화 등 사회주의 문화운동가, 한용운, 이육사 등 민족운동 투사 시인들도 포함됐다. 소운은『창조』,『백조』,『폐허』등의 문예지,『조선문단』,『시문학』과 주요 시집이 빠진 것을 아쉬워하면서 "새로운 앤솔러지 하나를 엮는다는 마음가짐"으로 선시選詩에 임했다고 한다.

처음에는 "2권 및 3권 속에 번역시(역시)에 대한 기록, 가능하다면『조선시단 연보』같은 것을 곁들여 비망 회고에 이바지하려고 생각했다. 그렇게 되면 편찬의 형편상, 두세 시인의 증감도 있을 수 있다고 생각했다.” 전기는 8월, 중기는 9월, 후기는 10월에 발행할 예정이었다. 그러나 실제로 중기는 10월로 연기되었고, 후기는 출판되지 않았다.

그 이유에 대해 1951년 발간된 『조선시집』의 해설을 담당한 재일조선인 작가 윤자원은 다음과 같이 지적했다.

> 원고의 사전 검열을 받기 위해 총독부 도쿄 출장소에 제출된 원고가 시국성이 결여됐다는 이유로 거부돼, 출판사 대표가 불려가 “우린 경찰이야! 까불지 말라”고 협박을 받았다는 이야기도 들었다. (중략) 이에 김 씨가 기분이 상해서 원고를 철회했는지, 아니면 그대로 몰수당했는지, 저간의 사정은 자세히 알 수 없다. 향토의 문화를 수출한다고 하면 아주 한가하게 들리겠지만, 한 권의 책이 만들어질 때마다 김 씨가 겪었을 곤혹스러운 뒷이야기는 일본 독자는 물론이고 향토 조선에서도 거의 알려지지 않았다.

‘후기後期’의 출판 불발은 김소운에게 통한의 극치였을 것이라고 추측된다. 일본 독자들에게도 후기에 실렸을 ‘기예氣鋭의 신인군新人群’의 시와 ‘조선시단 연보’에 대한 가치를 영원히 상실하고 말았다.

윤자원의 기억을 통해 김소운을 비롯한 재일조선인에 대한 출판 경찰의 감시가 얼마나 극심했는지를 알 수 있다. 그 속에서 원고 수집은 물론이고, 시인에게 번역 허가를 받기 위해 연락을 취

해도 연락이 되지 않거나, 과거 작품을 말살하겠다는 의사를 전달한 시인도 있는 등 시 선정과 번역 작업의 어려움도 있었다. 소운은 출판을 위해 자료를 수집해준 이육사, 김광균, 윤석중 등을 비롯하여 가마쿠라 산장에 함께 모여 인선 및 기타 협의에 참여한 박노춘, 조남령, 허남기, 박인배 등에 대한 감사, 인쇄소 기도 히데오木藤秀雄의 후의에 대한 고마움을 적었다.

후기에는 1942년 57세로 세상을 떠난 기타하라 하쿠슈北原白秋에 대한 헌사도 실렸다. 이 역시집은 "조선에 이토록 훌륭한 시심이 있을 줄이야"라고 절찬한 하쿠슈에 대한 보답이기도 했다. 끝으로 소운은 '쇼와 18년(1943) 4월 관제하管制下의 망여산거望汝山居에서'라고 등화관제燈火管制가 계속되는 긴박하고 궁핍한 시국도 기록하였다.

4. 번역 전략

예를 들어, 이육사의 '청포도'는 번역에서는 5음과 7음의 정형리듬으로 만들어져 낭송과 암송이 쉬운 문어 정형시로 변형되었다. 일본의 젊은 독자들은 시마자키 도손의 『와카나슈若菜集』, 사토 하루오의 『순정시집殉情詩集』, 무로오 사이세이의 『서정소곡집抒情小曲集』 등에 열광했다. 일본인들이 사랑하는 문어 자유시, 정형시 기법으로 번역한 것이 기타하라 하쿠슈北原白秋를 비롯한 일본 독자들을 감동시켰다. 비유적으로 말하자면, 소운은 구어체로 자유롭게 쓰인 조선의 젊은 시심 위에 일본에서 유행하는 무늬를 입혔다고 할 수 있다. 이육사에게 이 번역본을 보여줬을 때, 내 시가 그렇게 좋았나 라고 말하며 기뻐했다고 김소운은 회고했다.[7]

또한, 본래 시에서 자음만 봐도 'ㄹ', 'ㅎㅂㅍ', 'ㅈㅊ'이 많이 사용되어 음운적으로도 아름답고, 정말이지 '청포도'가 연상된다. 일본어 번역에서는 H음을 다용하여 상쾌함을 자아냈다.

은유 · 상징 등의 레토릭은 시에서 빼놓을 수 없는 요소인데, 검열을 극복하는 무기가 되기도 한다. 예를 들어, 소운은 독립운동가 한용운의 시집명 '님의 침묵'을 '애인의 침묵愛人の沈默'으로 번역하고, '비밀'과 '예술가'를 조국에 대한 신앙적 믿음에서 연애서정시 풍으로 번역했다. 이상화 '나의 침실'의 마돈나도 여성만으로 해석을 한정하지 않아도 된다고 필자는 생각한다. 이러한 레토릭으로서의 무기를 일본의 반골적 시인 가네코 미츠하루金子光晴도 이용해서 검열의 눈을 피해 시집 『상어鮫』를 출간할 수 있었다. 그런 시대적 배경을 함께 이해하며 해석할 필요가 있다.

이밖에도 정지용의 '카페 프란스'의 "나는 나라도 집도 없단다"를 소운은 "나에게는 집도 고향도 없다"고 번역했다. '망국의 슬픔'을 직설적으로 표현하면 삭제되거나 발매금지가 될 위험이 있다. 소운은 의도적으로 '망향의 슬픔'으로 바꾸어 도시에 사는

---

7 일본어판 자서전, 『天の涯』, 256쪽.

지방 출신자의 실향심에 호소했다.

5. 시인에 대한 레퀴엠과 오마주

『젖빛 구름』과 『조선시집』 전기, 중기에 수록된 시인과 그 시를 주의 깊게 읽으면 김소운의 개인적 애착 관계를 확인할 수 있다. 『시대일보』에 투고 의뢰한 지인 시인들이 많기 때문일 것이다. 일례로 김기림의 '쥬피타 추방'과 전술한 이상李箱의 시가 연결돼 있다. '쥬피타 추방'은 모더니즘 시인 김기림이 이상을 애도하며 읊은 시로, 이 시야말로 상징화된 이상의 모습이었다.

김해경金海卿(이상)은 소운이 1930년대 초반에 과외 아동잡지 발행을 위해 고군분투하던 시절의 동지였다. 이상이 도쿄에서 치안유지법으로 한 달 동안 수감되어 지병인 결핵으로 병상에 누워 있을 때 소운도 매일 간호를 했다. 그리고 그의 죽음을 '침통의장沈痛儀杖 - 이상李箱에게 주는 시'로 애도했다.

이상뿐만 아니라 동요 시인이자 과외 아동잡지 협력자인 유도순, 김소월, 조명희, 박용철, 이장희, 노자영의 병사, 자살, 행방불명 등은 식민지가 낳은 희생이라 할 수 있다. 그런 의미에서 김소운 나름의 레퀴엠이라고 볼 수도 있다.

다음으로 '오마주' 측면을 살펴보자. 먼저 독립운동가 한용운은 앞서 언급한 것처럼 서정시적 번역으로 등장시켰다. 또한, 친일인사의 대표로 꼽히는 이광수이지만, 지인이었던 소운은 전기

前期에 '역사가'라는 시를 번역했다. "역사가여/ 네 역사는 거짓 나부랭이! 우리들의 사랑이 기록되지 않은 역사/ 그런 역사가 있으랴/ 우리들 사랑의 파탄이 기록되지 않은 역사/ 그런 역사는 이미 알고 있어, 거짓 나부랭이 (후략)"라고 번역했다. 이광수의 총독부에 대한 식민사관을 향한 분노를 '거짓 나부랭이'라는 일본어 속어로 대담하게 대변했다.

지면 관계상 자세한 언급을 할애하지만, 번역가 김억, 잡지 『백조』 등에서 활동하며 시집을 펴낸 선배 시인 오상순, 박종화, 홍사용 등을 비롯하여 카프 서기장을 역임한 임화, 박팔양, 박영희 등 공산주의에 공명했던 시인들도 더해져 후기後期가 나왔다면 완전체가 되고 연보까지 포함되었을 것이다. 이와나미岩波서점에서 『조선현대시선』도 문고판으로 출간할 계획이었던 김소운에게 그 아쉬움은 크게 남았을 것이다.

맺음말

나카이의 연구에 따르면, 김소운은 한글과 일본어로 자작시 44편을 남겼다. 개인 시집은 간행하지 않았지만, 소년 시절부터 일본어 시, 조선어 시를 투고했고, 그 과정에서 일본의 시와 번역시, 시인, 시우詩友, 그리고 시조詩潮를 접했다. 그것이 중역重譯과 번역으로 이어진 한반도 시단, 한일 시우詩友들과 교류했다.

이러한 일본 시단, 시인들과의 교류 속에서 익힌 일본어와 운

문의 레토릭이 충분히 발휘된 것이 이번에 역시편으로 간행하는 『젖빛 구름』 『조선시집』 전기前期 · 중기中期다. 여기에 구사된 문어, 오음칠음률, 고어古語, 서정어의 다용多用은, 의도적으로 일본인의 심금을 울리는 전술로 사용되었다고 필자는 생각한다.

필자는 이러한 서정적 문어, 시적 개작에서 김소운의 일본어 번역에 대한 고뇌의 본질을 본다. 즉, 소운에게 일역은 고전문법의 습득, 문어문에 대한 숙지, 일본어로 된 고급 아어雅語의 선택, 한시 훈독訓讀 풍의 문어 정형시의 특징 파악, 칠음오음율, 일본어 다섯 개 모음과 아홉 개 자음의 운율에 대한 음미 등 일본 근대 시인들이 애용하고 독자들이 낭독 · 암송을 즐긴 문어 정형시 · 문어 자유시의 형식에 대한 도전이었다고 판단한다.

그 의장意匠으로서의 문어 정형시文語定型詩에 일본인이 감탄하는 모습은, 젊고 가난하며 굴욕적인 대우를 받는 식민지인 소운이 자신의 출신에 대한 우월감을 획득할 수 있는 희유希有한 기회였다. 그리고 바로 그 번역 작업이야말로 자기 긍정감과 살아가는 의미를 느끼는 계기가 되지 않았을까. 기타하라 하쿠슈가 '얄밉다小憎らしい'고까지 평가한 소운의 일본어 번역 기교는, 조선 민족의 자부심, 고뇌, 비애, 해방의 염원, 저항심을 서정적 울림으로 은밀히 감싼 금속공예품과 같은 명역이었다.

『젖빛 구름』에는 43인의 98 작품이 수록됐고, 출판 당시 평균 연령 36세였다. 젊은 시인, 요절 시인, 그중에는 소운의 친구도 포함된다. 『조선시집朝鮮詩集』 전기前期 · 중기中期에는 6인이 추가돼 49명의 186편을 번역했다. 후기後期가 기획대로 출판됐

다면 신인 30여 명의 작품과 '조선시단 연보'도 일본 독자들에게 전해졌을 것이다. 당시 출판 경찰의 탄압, 특히 조선인에 대한 가혹한 탄압의 실상이 여기에 있다.

또한, 중요한 사실은 이 역시집이 김소운 혼자서 수행한 것이 아니라, 이육사, 김광균, 윤석중, 박노춘, 조남령, 허남기, 박인배 등 도쿄의 문사와 유학생들도 협력했다는 점이다. 그들은 아일랜드 문예부흥 운동의 영향을 받아 시를 창작하고, 시잡지나 시집을 만들고, 신문기사에 투고했다. 이를 가능한 한 수집해 가마쿠라의 망여산거望汝山居에 모여 민족의 시를 남겨야 한다는 일념으로 시인들과 연락해, 시를 선정하고 편집 작업에 몰두했다. 날마다 관헌이 감시하고, 조선어의 명맥이 끊어지려는 상황에서 가능한 한 많은 시인의 시를 번역해 남기고자 한 활동은 동화정책(조선문화 말살정책) 하의 한반도판 문예부흥 운동의 작은 결실이었다.

패전 후에 일본에서 간행된 1953년 창원사創元社판, 1954년 이와나미 문고판 『조선시집』은 1940년 『젖빛 구름』과 1943년 『조선시집』 전기 · 중기의 시인을 거의 그대로 계승하였다. 소운이 조선시심詩心의 부활을 패전 후 일본에서도 시도했다고 할 수 있다.

재일조선인 시인 김시종金時鐘은 『재역再譯 조선시집朝鮮詩集』[8]을 내며 김소운의 『조선시집』 재번역을 시도했는데 다음처럼 언급했다. "김소운의 번역시라기보다는 당시 일본의 서정시에 리

8 金時鐘, 『再譯 朝鮮詩集』, 岩波書店, 2007.

듬을 맞춘 김소운 자신의 시 노래라는 확신을 갖게 되었다. (중략) 김소운 선생님과는 그 고생의 세월을 뛰어넘어 서로 나눈 관계라고 혼자 생각하기도 했다." "폐멸廢滅할지도 모르는 조선어의 위기 상황에서도 그 언어에 집착한 조선 시인들의 모어母語에 대한 끝없는 사랑에도, 그리고 그 말 자체의 존엄성에도 생각이 미칠 것이다." 라고 회술했다.[9]

한편, 1978년 아성출판사에서 간행된 『김소운 대역시집』에는 김기림, 이상, 허보, 오장환, 조벽암, 정지용, 백석, 박팔양, 이병각, 유도순, 임학수, 임화, 김형원, 이찬, 노자영, 김용제, 박세영 등이 제외되었다. 이 역시 남북 분단이라는 정치적 상황으로 제외됐다.

김소운은 『조선시집(전기)』 말미에 이렇게 적었다.

> 심정의 미묘함과 접촉한 이해만큼 확실한 이해는 없다. 어딘가에 지기知己가 있다. 가끔씩 조선의 시심이 그 사람들의 삶의 환희에, 혹은 마음의 아픔에 조용히 스며드는 날이 있다. 그것을 느긋하게 기다리는 바람이다. 느긋하게 기다리려고 한다.

그의 장기적 안목('느긋하게 기다리는 바람気長な望み')은 오늘날 한일 문화교류 속에서 실현되고 있다.

---

9 김시종, 위의 책, 「『조선시집(朝鮮詩集)』을 재역하면서を再訳するにあたって」, ix쪽.

【참고문헌】

中井裕子,「金素雲の「武器なき戦い」-「朝鮮人をして朝鮮人たらしめよ」」, 同志社대학 대학원 박사논문, 2023.

三好達治,『屋上の鶏』, 文體社, 1943.

金素雲,『天の涯に生くるとも』, 新潮社, 1983(講談社学術文庫, 1989).

福永武彦,『異邦の薫り』, 新潮社, 1979.

呉世宗,『リズムと抒情の詩学 金時鐘と「短歌的抒情の否定」』, 生活書院, 2010.

西原大輔,『日本名詩選 2 昭和戦前篇 1928-1944』, 笠間書院, 2015.

坪井秀人,『二十世紀日本語詩を思い出す』, 思潮社, 2020.

金時鐘,『再譯 朝鮮詩集』, 岩波書店, 2007.

김소운,『金素雲対譯詩集(上中下)』, 아성출판사, 1978.

______,『맨발의 인생행로 유전 70년』, 중앙일보사, 1981.

양동국,「제국 일본 속의 <조선 시 붐> - 유학생 시인과 김소운의『조선시집』을 중심으로」,『아시아문화연구』 23, 2011 등.

朝鮮の新しい詩心を訳し残す

一つの朝鮮版文芸復興運動

中井裕子

はじめに~「出帆」しそこねた二冊の処女詩集~

金素雲はいつから詩を書き始めたのか。少年期の記録物は未発見で、素雲も新聞投書[1]以外は詳しくは語っていない。しかし、『天の涯に生くるとも』[2](以下『天の涯』と略称)によると、来日後「百ページ足らずの薄っぺらな少年雑誌—、そこへ二、三度投書をしたことがあった。たしか二席と佳作に一度ずつ入選して雑誌にも載」ったとのこと。就職や学校の世話をするとの

1 「新聞売り子から」(下谷KYF生)と題して「都新聞」(1923年2月16日)に投書し、売り子への不当な暴力を告発している。KYFは本名金教煥のKをYにして匿名化した。

2 新潮社,1983年5月刊。のち1989年に講談社学術文庫版で出版。筆者は1989年版を使用。

広告を信じて上京したのだった。

翻訳アンソロジー詩集『乳色の雲』[3](1940年4月)の「Rへ一あとがきに代えて」でも、日本語詩集の自費出版の挫折があったことが分かる。「震災の一二ケ月前」、1923年7月から８月ごろ、大阪の住吉にいた百田宗治[4]に序文をもらい、詩人瀬田弥太郎[5]の助けも受けて詩集を出版しようとしたが、自費出版の資金不足で実現しなかった。自伝でも大阪で雑誌『苦楽』を主宰していた直木三十五らとも交流があったり、彼らからも一定の評価を得ていたことがわかる。

一方、金素雲研究家村上芙佐子の年譜[6]によると、金素雲は、1925年(16歳)「詩帖『出帆』を釜山草梁慶南印刷会社から趙明熙[7]序詩、安夕影装幀、羅蕙錫扉絵で五百部印刷したが、印刷費

3 最初は藤島武二(1867~1943)が表紙画を提供する予定だったが、出版が早まったため「白表紙」での出版となった。

4 1893~1955、大正・昭和期の詩人、児童文学者、作詞家。大阪府出身。詩の傾向としてはホイットマンやロマン・ロランの影響を受けた人道主義的・民主主義的傾向で、1918年に創刊された『民衆』を契機として、富田砕花や白鳥省吾とともに民衆詩派の一員として数えられるようになる。1926年に発刊した『椎の木』では三好達治、丸山薫、伊藤整、春山行夫、阪本越郎など若手詩人を起用し、一時代を築いた。1932年ごろより児童詩・作文教育に携わるようになり、波多野完治、滑川道夫、巽聖歌ら作文教育の指導者を育てた。

5 生没年不明。大阪出身の詩人。詩集に『愛の長詩』(1924.心情詩社)『哀吟余情：抒情小曲集』(1925.心情社)『心情詩集』(1926.サクラヤ書店)など。

6 東大比較文學會,『比較文學研究』79号(2002.2) および93号(2009.6)

7 1894~1942。忠北鎭川出生。号は砲石(素雲は抱石と表記)。中央高普を中退して北京士官学校に入学しようとして日警に捕まる。3・1運動で投獄され、1928年ロシアに

末払で、わずか十余部を手にすることができただけで流産」とある。

筆者の調査では、崔南善主筆の『時代日報』の文芸欄で、1925年11月から18編の短詩が発表されていた。これらが、日本と朝鮮半島での日本と朝鮮での詩集の原石となったと推測される。これらの詩には、思春期の苦悩、植民地と宗主国の社会構造への懐疑や絶望も伺われるが、反面、「그대들은 이렇게 살라(君たちはかく生きよ)」(1926.5.9.) のような自他を鼓舞する詩も書いている。

『時代日報』が1926年8月に終刊したのちも、素雲の詩の投稿は『朝鮮之光』『文章』『朝鮮文学』などで続く。筆者の調査では、のべ44作の自作詩を新聞・雑誌に投稿している。

金素雲とも知人だった白鐵の評価が興味深い。彼は金素雲のいくつかの詩を紹介しつつ「創作詩人としても個性的な面を見せた。結局彼は生活と現実に対して一定の自己固執(信念)を持って、作品を通して彼の信念を主張する主題詩を書く一種の観念詩人だった。しかし、彼の信念と傲慢が現実に容納されず虐待される時に、それは「懐疑」に変り「虫のような孤独」が詩人を噛むと詠った。(後略)」[8]

亡命してソ連作家同盟 원동支部指導部で勤務した。知識人的個人意識で現実に対する不満を描き「洛東江」(1927)に至って継承意識と民族解放思想という巨視的眼目を持つようになる。作品としては「땅 속으로」「농촌 사람들」、「한여름밤」、「춘선이」「아들의 마음」などがある。『天の涯』92頁「たゆたう面影」で言及。

牡丹公園にある金素雲の墓標には「詩人　金素雲之墓」と記してある。金素雲は、個人詩集は残さなかったが、翻訳を通して「朝鮮の詩心」を日本に伝えようとした詩人であった。

1. 日訳の戦略と日本文壇の交流

翻訳手法について、金素雲はどう自己評価していたかがわかる記載が『乳色の雲』の「Ｒへ—あとがきに代へて」にある。その中で、久しぶりに永井荷風の仏蘭西近代抒情詩選『珊瑚集』を読み直して、「そこには荷風といふ訳者が居ないで、ボードレールやヴェルレーヌ自身がちやんと顔を出してゐる。見事なものだと思ふ。」と評価している。それに対して、「この『乳色の雲』にしたところで有体に言へば僕自身の詩集のやうなものだ。それを一番相済まなく思つてゐる。」(以後の下線は筆者による)と自白している。確かに、李箱の詩「蜻蛉」と「一つの夜」などは、故李箱の手紙からモチーフを得た完全な創作である。しかし、それが逆に素雲が愛唱した日本の抒情詩により近くなって日本の詩人や読者を魅了させたのである。

藤枝静男の記憶によると、室生犀星や佐藤春夫や三好達治

8　白鐵,『朝鮮新文學思潮史』現代篇, 白楊堂, 1949.7, 280~281頁。

や萩原朔太郎の詩を愛唱していたという。詩を暗唱して楽しむというスタイルは、明治・大正の詩人たちが好んで行った朗読会を思わせる。戦前、詩は朗誦して楽しむものであり、五音七音のリズムや頭脚韻なども耳で楽しんでいた。素雲は鶴橋、蛇窪、長谷大谷戸など朝鮮人集住地区に身を置きながら、大阪の詩壇、馬込文士村の文人たち、鎌倉在住の文人たちと近しく過ごした。

日本の文人たちも、地方から上京して他郷暮らしのものが多い。白秋は柳川、犀星は金沢、朔太郎は群馬、藤村は信州馬籠、達治は大阪など、中には故郷を捨てたり、晩年まで戻らなかったりする文人もいた。そのような文人たちの望郷の念、郷愁を素雲の翻訳は刺激した。そこに郷愁の共感帯が形成され、日本文壇や読者に受容されたと筆者は考える。実際は、「나는 나라도 집도 없단다(私は国も家もないんだよ)」(鄭芝鎔「カフェー・フランス」)という亡国の民の望郷の思いは更に深く苦悩に充ちたものであったことを、福永武彦がのちに指摘している[9]。

百田宗治、白鳥省吾だけでなく金素雲を支えた日本人文人たちがいた。戦後も続く彼らの素雲との交流も心打たれる。例えば、『金素雲對譯詩集』(中)[10]の口絵写真で紹介された池田克己[11]である。「1932年6月 東京九段에서」(左, 池田克己 = 後에 詩

9 福永武彦,『異邦の薫り』, 新潮社, 1979.6, 196頁。

10 1978年10月, 釜山亜成出版社刊。

誌「日本未来派」主宰)とある記念写真を撮るような関係だった。

素雲は池田の葬儀にも列席し、韓国で出版した対訳詩集に池田との記念写真を掲げ、巻末に1956年に書かれた日本未来派の窪田般弥の文を載せることで、1953年に早逝した池田に哀悼の意を示した。

もう一人、池正路。素雲は早逝した池の詩を15編集めて詩集『水晶蟲』(1931年4月)を出版した。池との交流は、池が義兄の背広を素雲に貸したり、本の間に金を入れて貸したり、同じ部屋で下宿したりした仲である。自作詩の「向日葵は暁を呼ぶ」は、池の浄書を発見して1958年『親和』60号に「1932年作」として掲載された。金素雲の生は、このように朝鮮半島と日本の文人たちにも支えられていた。

---

11 1912~1953。詩人。奈良県吉野生まれ。詩歴は古く1934年に22歳で早くも詩集『芥は風に吹かれている』を出した。人生的なバーバリズム(原始主義)の詩法に特徴が見られる。1947年、菊岡久利・八森虎太郎・高見順・緒方昇らと詩誌『日本未来派』を創刊。1952年に病いが重篤となるまで編集をほとんど一人で行い、高見順・土橋治重・港野喜代子・鷲巣繁男・高田敏子・坂本明子・内山登美子・窪田般弥らを世に送り出した功績が大きい。主な詩集に『上海雑草原』(1944年刊)、『法隆寺土塀』(1948年刊)などがある。日本ペンクラブ電子文藝館 (bungeikan.jp) (2022年11月27日最終閲覧)

2. 全三冊の出版協力者たち

1943年8月『朝鮮詩集(前期)』、10月『朝鮮詩集(中期)』興風館[12]刊の、前者の奥付けの次頁に全体の企画と評価の宣伝文がある。この頁で最初は(後期)を含む三冊の計画だったこと、一か月おきの発行予定だったこともわかる。以下は、おそらく編集者の村上信彦の文章と思われる。

> 朝鮮詩壇四十年の総決算!!
>
> 狭隘な言葉の檻の中で孤塁を守りつゞけた朝鮮の秀でた詩心が鏤彫《るちょう》の名訳を得て宛然金石の如き鏗鏘瀏喨《こうそうりゅうりょう》の韻《ひびき》を傳へる。吾々が朝鮮に就て知らねばならぬことは多々あるが、この三巻の譯詩集の如きは内鮮文化の逞しく力強い交流結束の布石たる意味に於て急且つ最たるものゝ一つである。

ここには、「狭隘な言葉の檻の中で孤塁を守りつゞけた」という朝鮮語への蔑視観と、「内鮮文化の逞しく力強い交流結束

12 戦前の興風館は「東京都神田区一ツ橋 教育会館」内に社屋を置いた。国会図書館の検索によると1895年から1899年まで雑誌「皇風」を41巻、村上信彦の『音高く流れぬ』1~3部、W・バウム『バリ島物語(上下)』(金窪勝郎訳)頁・テルへ『科学と実在』(平林初之輔訳)、A・ヒットラー『吾が闘争(上下)』(真鍋良一訳)など多くの翻訳本を出版している。

の布石」と内鮮一体の出版目的が明確に示されている。ただ、当時の言論統制下、出版の必要条件だったかもしれない。素雲の訳を「鏤《る》彫《ちょう》の名訳」と賛美するのは誇張ではなく、村上が素雲に朝鮮詩の翻訳を依頼した理由もここにある。

また、奥付頁の囲み記事の三好達治[13]の文の引用も、当時の素雲への高評を裏づけている。

金素雲氏の手になった譯詩—、そこに見出される詩魂なり詩才なりといふものは恐らく世界的の高水準にあるもので、我々の今日の日本詩壇の現状からは寧ろ羨望に價する品位と氣質のものであつた。譯詩家としての金素雲氏の才能天分を假りに例にとつてみても、凡そ朝鮮詩人の資質といふものが如何に刮目に價するものなるかは明かであらう。

三好達治氏著『屋上の鶏』より

この評が掲載された『屋上の鶏』は昭和18(1943)年文體社刊の随筆集である。上述の引用部は「金東煥[14]氏」と題する同氏と

13　1900~1964、大阪市出身の詩人、翻訳家、文芸評論家。戦前の詩集に『測量船』(第一書房、1930年)『南窗集』(椎の木社、1932年)『閒花集』(四季社、1934年)『山果集』(四季社、1935年)、合本詩集『春の岬』(創元社、1939年)、『艸千里』(四季社、1939年)、『一點鐘』(創元社、1941年)など。

14　筆名巴人。明治三四年生。東洋大学文科修業。東亜日報記者を経て昭和四年以来雑誌「三千里」を経営。/詩集「国境の夜」「昇天の青春」「詩歌集」、他に長編小説「戦

の京城『三千里』事務所での対談記録の末尾に近い部分に登場する。村上は引用時に若干変更しているが、内容は変わらない。

この随筆で三好は、朝鮮人の文学的才能に十分な信頼を置けたのは、金素雲の翻訳力量の高さのためで、「我々の今日の日本詩壇の現状からは寧ろ羨望に價する品位と氣質のもの」で「譯詩家としての金素雲氏の才能天分を假りに例にとつてみても、凡そ朝鮮詩人の資質といふものが如何に刮目に價するものなるか」は明らかだと、金素雲を朝鮮詩人の代表と考えるほどに私淑する思いを吐露している。

日本語で書くか筆を折るかの選択を迫られる朝鮮文壇の苦悩を知ってか知らずか、金素雲の手になる翻訳集が興風館・村上信彦編集者によって企画された。

3.『朝鮮詩集(前期)』『朝鮮詩集(中期)』の詩と詩人

素雲は「覚書」で朝鮮文学の将来について、金東煥と同様に「朝鮮語はすでに終止符を打たれようとしてゐる。生活の隅々から影を消すといふのではないが、活きた社会的機能はもうこの言葉にはない。雑誌も新聞も、朝鮮語によるものは殆ど九

争と恋愛」あり。(『乳色の雲』の「略歴紹介」より)

割が廃刊されてゐる今日、何によつて朝鮮の作家や詩人たちはその表現意欲を充すべきか。かりに作品ありとするも、今後七八年を出でずしてそれを読む者がなくなるのではあるまいか。」と危機感を吐露している。

雑誌『文章』20余冊、『人文評論』約10冊、『カトリック青年』19冊など、個人詩集も20冊程度、文学全集や詩人選集、自選作品200編、切抜きまで含む膨大な数の候補を集めたことがわかる。当時の若者たちはアイルランド文芸復興運動の影響下、自らの言葉で多くの詩を生み出していた。李光洙を含め、東京での1919年独立宣言にみられるような留学生の独立運動に関わった詩人や、PASKYULAやKAPFに所属した朴英熙、林和など社会主義文化活動家や韓龍雲、李陸史など独立運動闘士の詩人も加えている。素雲は、『創造』『白潮』『廃墟』等の文芸雑誌、『朝鮮文壇』『詩文学』や主だった詩集を逸したことを心残りとしながら、朝鮮詩壇がこの程度の選集も所有できていない現状を嘆き、「新たなアンソロジー一つを編むという心組み」で選詩にあたったと言う。

当初は、「二巻及び三巻に、訳詩についての心覚えと、出来れば『朝鮮詩壇年譜』のやうなものを添へて備忘回顧に資したい考へである。編纂の都合では、或は人員に二三増減を余儀なくされる場合もあらうかと思ふ。」という企画で進んでおり、「前期」は八月刊、「中期」は九月、「後期」は十月の発行を予定していた。しかし、実際は「中期」の発行は十月に延期となり、「後期」

は出版に至らなかった。

その理由について、1951年刊『朝鮮詩集』の解説を担った尹紫遠[15]が以下のように語っている。

> 原稿の事前検閲を受けるため総督府東京出張所に提出された譯稿が、時局性の乏しい理由で拒否され、発行所の代表者が呼びつけられて「ここは警察だぞ!馬鹿にするな」と恫喝された話を私も聞いている。(中略)それに気を腐らせて金氏が原稿を撤回したものか、或はそのまま没収されたものか、その間の事情は詳かでない。郷土の文化を輸出すると言えばいかにも気楽に聞こえるが、一冊の書物がつくられるたびに同氏の嘗めたこの蔭の困厄については、日本の読者はもとより、郷土朝鮮に於いても殆ど知られてはいない。

「後期」の出版不実現は金素雲にとっては痛恨の極みだったと推測される。日本の読者にとっても、後期の「気鋭の新人群」の詩と「朝鮮詩壇年譜」に、永遠に価値を損失した。

---

15 1911~1964、日本の敗戦前は「尹徳祚」の名で歌集『月陰山』(42河北書房)を上梓。解放後『民主朝鮮』に詩や評論を幾つか発表したあと、『三十八度線』(50年早川書房)を上梓している。近年、研究者の宋恵媛が『越境の在日朝鮮人作家　尹紫遠の日記が伝えること　国籍なき日々の記録から難民の時代の生をたどって』(2022、琥珀書房)と『密航のち洗濯　ときどき作家』(2024、柏書房)を出版し、金素雲との交流も明らかになった。

尹紫遠の記憶から、金素雲を含む在日朝鮮人への出版警察による監視がいかに激烈だったかがわかる。その中を、原稿収集についても、詩人に翻訳許可を得るために連絡先を探しても見つからなかったり、過去作品を抹殺する意思を伝えた詩人もいたりするなど、詩の選定・翻訳作業の苦労も語られる。そして、出版の実現のため資料収集した人物の「李陸史、金光均、尹石重の諸友」、「鎌倉の山居へ会同して人選その他の協議に参画した朴魯春、曹南嶺、許南麒、朴仁培の諸君」への感謝と、印刷所の木藤秀雄 氏の厚誼に対する感謝が綴られる。

「覚書」の最後は1942年に57歳で逝去した北原白秋の墓前への献辞がある。この訳詩集は、「朝鮮にこんなすばらしい詩心があろうとは」と絶賛した白秋への返礼でもあった。素雲は「昭和十八年四月 管制下の望汝山居にて 素雲生」に、灯火管制という緊迫と窮乏の時局も記録した。

4. 翻訳の戦略

例えば、李陸史「青葡萄」は、日本語では5音と 7 音の定型リズムに成型され、朗誦・暗唱しやすい文語定型詩に改変されている。日本の若い読者は島崎藤村『若菜集』や佐藤春夫『殉情詩集』、室生犀星『抒情小曲集』などに熱狂していた。その日本人が愛する文語自由詩・定型詩の手法で翻訳したものが、北原白秋はじめ日本の読者を感動させた。比喩的に言えば、素雲は口語で自由に書かれた朝鮮の若い詩心に「日本で流行中の絵柄の振袖を着せた」といえる。李陸史にこの翻訳を見せた時、「僕の詩がそんなによかったかなあ」と喜んだと金素雲は回想している[16]。

加えて、原詩で子音だけを見ても「ㄹ」「ㅎㅂㅍ」「ㅈㅊ」が多用され音韻としても美しく、「청포도」と「청포」は意識して重ねられている。日訳でもハ行の多用が爽やかさを醸し出している。

隠喩・象徴などのレトリックは、詩に欠かせないが、検閲を乗り越える武器にもなる。例えば、素雲は独立運動家の韓龍雲の詩集名『님의 침묵』を『愛人の沈黙』と訳し、「秘密」と「芸術家」を祖国への信仰から恋愛抒情詩として訳した。李相和「わが寝室」のマドンナも、女性として解釈を限定しない方がいいと筆者は考える。このようなレトリックという武器を日本の反骨詩人金子光晴も利用して、検閲の目をのがれて詩集『鮫』を出版できた[17]。そのような時代背景を理解する必要がある。

他にも、鄭芝鎔「カフェー・フランス」の「나는 나라도 집도 없단다」を素雲は「わたしには家も郷《くに》もない」と訳した。「亡国の

16　『天の涯』, 256頁。

17　金子光晴,『詩人 金子光晴自伝』, 講談社, 1994年, 189頁。

憂い」を直接に出せば、伏字や発禁にされる危険がある。素雲は意図的に「望郷の憂い」に変え、都会の地方出身者の失郷の思いに訴えた。

5. 詩人へのレクイエムとオマージュ

『乳色の雲』や『朝鮮詩集(前期)(中期)』の詩人や詩を注意深く読むと、金素雲の個人的な思い入れが感じ取れる。『時代日報』投稿依頼の知人・友人関係の詩人が多いためであろう。一例を上げれば、金起林「追放のジュピター」と李箱「蜻蛉」「一つの夜」と頁を繋いでいる点である。モダニズム詩人金起林が李箱を悼んで詠んだ詩で、「追放のジュピター」は象徴化された李箱像である。

李箱は素雲が課外児童雑誌の発行に苦心していた時の同志であった。箱が東京で治安維持法によって一か月入獄し持病の結核を悪くして病床にあった時、素雲も毎日看護をしていた[18]。そして、彼の死を「沈痛儀杖―李箱에게 주는 시」[19]として哀悼している。

李箱だけでなく、童謡詩人で課外児童雑誌の協力者の劉道

18 青柳優子編訳・著,『朝鮮文学の知性 金起林』, 新幹社, 2009年。「故 李箱の追憶」より。
19 『韓国文学全集34』(詩集 上巻), 民衆書館, 1959, 339頁。

順、金廷湜(素月)、趙明熙、朴龍喆、李章熙、盧子泳(「前期」所収)らは病没、自殺、行方不明など植民地化の生み出した犠牲者ともいえよう。その意味で、金素雲なりのレクイエムと考えることもできる。

次に、「オマージュ」面を見る。まず、独立運動家の韓龍雲。前述したような抒情詩的翻訳で登場させている。また、のち親日人士の代表とされた李光洙だが、友人であった素雲は「朝鮮詩集(前期)」で「歴史家」という詩を選んでいる。「歴史家よ / 君の歴史は嘘っぱち! / われらの愛が誌されていない歴史 / そんな歴史があるものか、/ われらの愛の破綻が誌されていない歴史 / そんな歴史は知れたことさ、嘘八百さ(略)」と訳した。李光洙の総督府の植民地史観への怒りを「嘘っぱち!」「嘘八百」という俗語で大胆に代弁した。

紙幅の関係で詳述しないが、翻訳家金億、雑誌『白潮』などで活躍し詩集を刊行していた先輩詩人、呉相淳、朴鐘和、洪思容らも選んでいる。ひいては、元カップ書記長林和、朴八陽、朴英熙ら共産主義に共鳴していた詩人も加えて、「後期」が出れば完全体になり年譜も加わったはずだ。一時は岩波書店から『朝鮮現代詩選』も文庫版で出版する計画だった金素雲の無念は想像に余りある。

おわりに

金素雲は、ハングルと日本語で自作詩を44作残した。個人詩集こそ残せなかったものの、少年期から日本語詩、朝鮮語詩を投稿し、その過程で日本の詩や翻訳詩、詩人、詩友、そして詩潮に触れ、それが重訳や翻訳でもたらされた朝鮮半島の詩壇、日朝の詩友の交流も深かった。

これら日本の詩壇・詩人たちとの交流の中で身につけた日本語や韻文のレトリックが十分に発揮されたのが『乳色の雲』『朝鮮詩集(前期・中期)』であった。そこで駆使された文語、五音七音の律、古語・抒情語の多用は、意図的に日本人の心の琴線を震わせる戦術として使用されたと筆者は考える。

筆者は、このような抒情文語詩的改作に、金素雲の日訳への格闘の本質を見る。つまり、素雲にとっての日訳は、古典文法の習得、文語文への習熟、日本語の上質な雅語の選択、漢詩訓読風の文語定型詩の特徴把握、七音五音の律、五つの母音と九つの子音の韻の吟味など、日本の明治の詩人が愛用し、読者が朗読・暗唱を楽しんだ文語定型詩・文語自由詩の形式への挑戦だったと考えるに至っている。

その「意匠」としての文語定型詩に日本人が感服する姿は、若く貧しく屈辱的扱いを受ける植民地人素雲が自らの出自への優越感を得られる稀有な機会であり、それが自己肯定感と生きる意味を感じる契機となったのではないか。北原白秋が「

小憎らしい」と評した日訳の技は、朝鮮民族の誇り、苦悩、悲哀、解放願望、抵抗心を抒情の響きに包み隠した「鏤彫《るちょう》の」日本語詩を創作するために錬磨された。

『乳色の雲』43人98作。出版時の平均年齢36歳。若い詩人、夭折詩人、中には素雲の友人も含まれている。『朝鮮詩集　前期・中期』では6人加わり49人186作を「鏤彫《るちょう》の名訳」として訳出した。後期が構想どおり出版されていれば、更に新鮮な「気鋭の新人群」30人弱の作品も「朝鮮詩壇年譜」も日本の読者にも手渡ったはずである。当時の出版警察の弾圧、特に朝鮮人への激しい弾圧の実害がここにある。

加えて重要なのは、この詩集は金素雲だけの手になったものでなく、李陸史、金光均、尹石重、朴魯春、曹南嶺、許南麒、朴仁培ら東京の文学を志す人士や留学生たちも協力していた事実だ。彼らはアイルランド文芸復興運動の影響を受けつつ詩を創作し、詩誌や詩集を作成し、新聞記事に投稿していた。それを可能な限り集め、鎌倉の「望汝山居」に集い、民族の詩を残さねばならないという一念で、詩人との連絡、選詩や編集作業に没頭していた。日々、官憲の目が光り、朝鮮語の命脈が断たれようとする中で、可能な限り多様な詩人の詩を翻訳し伝え残そうとしたこの活動は、同化政策(朝鮮文化抹殺政策)下の朝鮮半島版文芸復興運動の小さな結実であった。

戦後編集された1953年創元社版と1954年岩波文庫版の『朝鮮

詩集』は、1940年『乳色の雲』と1943年『朝鮮詩集(前期・中期)』の詩人をほぼ受け継いでいる。素雲が朝鮮の詩心の復活を戦後日本でも試みたと言えよう。

『再訳 朝鮮詩集』[20]で戦後版『朝鮮詩集』の再訳を試みた金時鐘も、「金素雲の訳詩というよりも当時の日本の抒情詩にリズムを合わせた、金素雲自身の、詩の歌であることの確信を持った。(中略)金素雲先生とはその苦労を年月を超えて分かち合っている間柄だと、ひとり思ったりもしたものだ。」「廃滅されかねない朝鮮語の危機の中で、なおその言葉に執着した朝鮮の詩人たちの母語への尽きない愛にも、そして言葉そのものへの尊厳にも思いが至ろう」と述懐している[21]。

にも拘らず、1978年に編まれた亞成出版版『金素雲対譯詩集』では、金起林、李箱、許保、吳章煥、趙碧巖、鄭芝溶、白石、朴八陽、李秉珏、劉道順、林學洙、林和、金炯元、李燦、盧子泳、金龍濟、朴世永らは除外された。これもまた、南北分断という政治状況による除外ではないか。

素雲は『朝鮮詩集(前期)』の末文にこう記した。

心情の機微に触れ合った理解ほど確かな理解はない。どこかに知己がゐる。折にふれて朝鮮の詩心が、それらの人々の生

20 岩波書店, 2007年11月。
21 「『朝鮮詩集』を再訳するにあたって」, 同書, ix。

活の歓びに、はたまた心の痛手にしづかに浸透する日がある。
気長な望みである。気長に待たうと思ふ。

その「気長な望み」は、今日の日韓文化交流の浸透のなかに実現しつつある。

【参考文献】

(일) 中井裕子,「金素雲の「武器なき戦い」－「朝鮮人をして朝鮮人たらしめよ」」, 同志社大学大學 博士論文, 2023.

(일) 三好達治,『屋上の鶏』, 文體社, 1943.

(한・일) 金素雲,『金素雲対譯詩集(上中下)』, 釜山・亜成出版社, 1978年10月.

(한) 金素雲,『맨발의 人生行路』, 中央日報 中央新書, 1981年10月.

(일) 金素雲,『天の涯に生くるとも』, 新潮社, 1983年5月のち講談社学術文庫903, 1989年11月.

(일) 福永武彦,『異邦の薫り』, 新潮社, 1979年6月.

(일) 呉世宗,『リズムと抒情の詩学 金時鐘と「短歌的抒情の否定」』, 生活書院, 2010年9月.

(일) 西原大輔,『日本名詩選 2 昭和戦前篇1928-1944』, 笠間書院, 2015年6月.

(일) 坪井秀人,『二十世紀日本語詩を思い出す』, 思潮社, 2020年9月.

(한・일) 金時鐘,『再訳 朝鮮詩集』, 岩波書店, 2007年11月.

(한) 양동국,「제국 일본 속의<조선 시 붐> - 유학생 시인과 김소운의『조선시집』을 중심으로」,『아시아문화연구』23, 2011 等.

내니ᄅᆞ오ᄃᆡ다ᄅᆞᆫ거ᄉᆞᆫ엳ᄌᆞᆸ고니만ᄂᆞᆫ뎌와ᄌᆞ오ᄆᆞᆯ이
깃다ᄒᆞ니ᄉᆔ이어ᄠᅳ디아니ᄒᆞ고지븨ᄂᆞᄆᆞᅀᆞ뮈니라
므ᄅᆞ가다이ᄉᆞ다리ᄀᆞᄌᆞᆸ다와일ᄂᆞᆫ치다아니ᄒᆞᆫ이
고ᄅᆞ아ᄒᆞᆫ일ᄅᆞ고ᄅᆞᆯ이ᄅᆞ무이고져ᄒᆞ이ᄅᆞ고ᄅᆞᆯᄆᆡ이졔니
라ᄂᆞ고져ᄒᆞᄂᆞ니기ᄅᆞᆯ혜요ᄆᆞᆫ이여ᄯᅥᄒᆞ져ᄉᆞ링ᄒᆞᄂᆞᆫ사
ᄅᆞᆷ이ᄀᆞᄆᆞᆯ이ᄅᆞ고티ᄂᆞᆫ리무와ᄅᆞᆯ네ᄉᆔ이우ᄂᆞᆫ엇
더사ᄅᆞᆷ이온다ᄒᆞᆫᄉᆞᆼ을ᄌᆞᆷᄒᆞᄀᆞᆯ이ᄀᆞᄅᆞᆷ이ᄌᆞᆷᄂᆞᆫ
프ᄂᆞ이ᄂᆞᄅᆞ오ᄃᆞ우리ᄉᆔ인ᄋᆞᆯᄐᆞᄂᆞᆫᄉᆞᆯᄂᆞᆫᄒᆞᆫ의
곰졔ᄅᆞᆯᄅᆞᆯ이ᄅᆞᄀᆞ와ᄌᆞᆸ시ᄅᆞᄋᆞᄯᅳᄉᆞ이ᄀᆞ다이ᄅᆞ의

朝鮮詩集 前朝 全

素雲譯

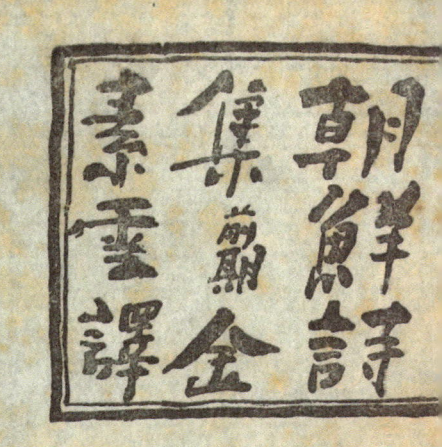

朝鮮詩集

金素雲 譯

前期

興風館 刊

献花
（金剛幻想）

藤島武二

北原白秋先生　墓前

覺書

「朝鮮詩集」について興風館の村上信彦氏から懇篤な書面を頂戴したのは昨年の八月頃かと思ふ。その郵便は京城の舊居を廻つて遙ゝ鎌倉の草屋へ轉送された。

朝鮮文學への關心がこゝ數年來頓に昂つて來たやうに見えるが、それはどこまでも表面的な現象で、まだ／＼中央文壇へ座席を占めるところまでは來てゐない。詩などは尙更である。朝鮮は外國ではないから、ドイツ、フランス並に「外國文學」扱ひを受けるわけにはゆかず、といつて「國文學」乃至は「現代文學」に參與することも出來ない。勢ひ「大陸文學　などといふ曖昧な冠詞の下に、滿洲や中國と雜居することによつて辛うじて存在を認められてゐるやうな有樣である。私は二十年このかた、內鮮の文化交流に於ける

手辨當持參の雜役夫たることを以て自ら任じて來たが、未だ曾て朝鮮文學に關するかぎりでは書肆から自發的に書物の相談を受けたといふことがない。そこへ村上氏の書翰である。「出版者の使命に副ひ、日本文化の將來に寄與するといふ仕事なら賣れる賣れないは考へない。何分の協力を賴む」との文面——、私は同志を得た思ひで返事を認めた。

「まことに有難いお話で早速にもお引受せねばならないところであるが、こゝ暫く朝鮮とも疎遠になつてゐて、手許に思はしい資料がない。傳說採集旁々一度歸らねばならぬ都合でもあるから、それの畢るまで二三年猶豫をいたゞきたい。」

すると、折返し村上氏から返信があつて、「三年は氣が永い、すぐにも手がつけられぬものか。簡素ながら良心的な本につくりたいから」と、裝幀のことにまで言及されて重ねての督勵である。二度三度と書翰の往復が繰返されるうちに文面では間に合はなくなり、村上氏と直接顏を合せる運びになつて、

つひに不用意のまゝ「朝鮮詩集」三卷をお引受する結果となつたのである。

甚だもつたいをつけたやうで恐縮であるが、覺書の初めにかういふことを書かねばならぬほど私は資料不足を苦に病んでゐる。一枚の紙にも心を配らねばならぬ時節に、三卷の詞華集を出版するのである。あだ疎かにこの機會をやり過すことは出來ない。お引受したからには充實の上にも充實したものをつくらねばと、そこで先づ私は、かういふ方法を考へてみた。

四十年の朝鮮詩壇を縦に貫いて作品の總ざらへをする。百名を越える詩人の中から初期・中期・新人に分ち、一期をほゞ十名標準といふ重點主義で臨む。この三十人の作品は一篇殘らず目を通し、最も重量ある各十篇程度を國語に移すことゝする。——

さて、實際問題として、それらの作品をどういふ方法で手に入れるか。初期時代の雜誌などは概ね稀覯本に屬し、書店を通じては金輪際求められない。

個人の私藏を借受けるよりないが、どこの誰に相談したものか――、心當りの方面へそれ〴〵問合せて見たが駄目、新聞廣告によつて所藏者を探し出すことに思ひ到り、每日新報東京支局の知人に諮つたところ、先づ效果はあるまいとのこと、雜誌の種類も四十種となつては所詮手がつけられず、よつて第一の理想案は廢棄。

次善の方法としては、作者各自に自選を依賴する。飜譯不可能の作品を見越して大體一人十五篇程度の作品があればよい。そこで舊冬十二月のかゝりに、稍〻詳細な印刷物をつくり、それ〴〵の名宛へ向けて發送したのである。十四五篇、三百行前後の作品と、略歷、寫眞を一時借受けたい旨依賴したのであるが、この住所調べが一苦勞、朝鮮文人協會の名簿には目ぼしい詩人の名が殆ど洩れてをり、あつても移動が激しい。附箋付で戾つたものを再調べして送り直したり、その土地〳〵の書店や文房具店へ轉交を依賴したりして、曲りなりにも先づ〳〵發送だけは濟ますことが出來た。

かうしたくど〳〵しい經過報告は徒に讀者の印象を搔立てるばかりで一利のないことを承知してゐるが、今日の朝鮮詩人が如何なる日常にあるかを、この一事で私は改めて思ひ返したことである。詩をつくる者の禍よ！

結果から見てこの印刷物は效果を齎さず、朱耀翰、朴鍾和、辛夕汀、梁柱東等の諸氏から資料が送られたゞけで、大半は音沙汰なしである。要點だけを書拔いて、更に二種類の印刷物が送り出されたが、これまた梨の礫、最後に如何にも割愛し難い五六の詩人へ長文電報で督促したに對し、「サクヒンテモトニナシオユルシコフ」「ホンニンユクヘフメイ」などの返電があつて第二案もつひに拋棄の已むなきに至つた。

私が良心と潔癖を、言ふ如く持合せてゐるならば、當然のことゝで「朝鮮詩集」を斷念せねばならないところである。それをしも押して、果し上げようと決めたのは、强ちに無鐵砲な勇氣のせゐではない。村上氏ノ鞭撻や、

資料に添へて激勵して來た少數の人々への義理もあつたが、それよりも、私をこゝへ釘づけにしたのは、もつと別な理由である。

朝鮮語はすでに終止符を打たれようとしてゐる。生活の隅ゝから影を消すといふのではないが、活きた社會的機能はもうこの言葉にはない。雜誌も新聞も、朝鮮語によるものは殆ど九割が廢刊されてゐる今日、何によつて朝鮮の作家や詩人たちはその表現意欲を充すべきか。かりに作品ありとするも、今後七八年を出でずしてそれを讀む者が無くなるのではあるまいか。——かうした根本的な理由が、やがて國語といふ新たな衣による力強い再出發を約束じ、その機會を早めるであらうことは首肯出來る。しかしながら私のひそかなる憂慮は、輝かしい再出發の日まで果してその火種が消えずにあるかといふことである。國語による作品はすでに試みられてをり、將來への希望をこれに繋いでゐる新人も多い。しかも、これはどこまでも「試み」であり、「希望」である。二三の個人的な活動を朝鮮文學の全般に歸一することは出

來ない。こゝで一歩を誤れば傳統が破壞される。朝鮮文學の、やうやくこゝまで育て上げた命脈が斷ち切れてしまふ。

この危險を未然に防ぐためには、今こそ朝鮮の作家・詩人が淸新な刺戟、逞しい熱情を我物とせねばならないときである。譬へていへば今は橋の上にある。國語の彼岸へ達するまでは寸時と雖も氣はゆるせない。掛け聲や無理强ひでなしに、眞底からの必然な動機が、一歩一歩をおのがじし運ばせるのでなくては噓である。

飜つて、これを內地の文壇・詩壇からいへば、朝鮮文學へ手をさし延べ、それを日本文化の內容にまで導き入れる上に、今日ほどの好機會はない。その善意に甘へることを朝鮮の作家・詩人が潔しとするせざるによらず、これは文化を愛し、高めてゆく者の當然な義務である。また、その手曳なしに、朝鮮文學が獨りで衣更の出來る道理もない。

「朝鮮詩集」三卷はこの機運を促し、刺戟するためには餘りに微々たる企圖

であるかも知れない。しかも、内鮮二つの詩壇を通じて、曾てこの程度の企さへなかつたことを思へば、一概に輕んじ去るわけにもゆかない。資料貧困といふ内輪の理由のために、與へられた機會を斷念するなどは出來ない義理である。

新しい自由詩が始めて朝鮮に試みられたのは明治四十年以後で、外山ゝ山、井上巽軒等による日本の新體詩發足から見れば二十年餘り立後れてゐる勘定である。「少年」「新しき星」などの雜誌に最初の詩を發表した崔南善は、間もなく飜譯文化に轉じ、過渡期の民衆を指導しながらこの方面に幾多の功績を遺したが再び詩には立歸らず、同じ試みに力を添へた李光洙も後では詩から離れて小說に立籠つたが、かうした初期の詩作品は何れも純全たる自由律の詩で、七五調を墨守した內地の新體詩期のやうな傾向は見られなかつた。もつとも唱歌體の詩などが稀にはあつたが、概していへば朝鮮の新詩は誕生

から一足跳びに自由詩の階へ足をかけた形である。

しかし何をいふにも試作期で、日常の言葉で詩が綴られたとはいふものゝ内容　表現共に稚拙を免れなかつた。それが大正七八年度に至り、「學之光」「泰西文藝新報」「女子界」「三光」「創造」「廢墟」等の雑誌が陸續發行されるに及び、著しく詩の領土は擴大されて、彈力に富む優れた作品がつぎ〳〵とそれ等の雑誌に發表され、文字通り自由詩の黄金期を現出した。爾後三十年、若干の消長はあつたが、兎も角も百名を越える詩人と、詩作品の發表された文藝誌四十餘を數へるまでに朝鮮の詩壇は歴史を閲したのである。

昭和十四年の秋から手がけて私は「乳色の雲」一巻を編譯した。翌春、これは河出書房から上梓されたが、乏しいながら朝鮮詩壇の輪廓が内地へ紹介された最初の譯詩集である。これに、佐藤春夫氏は長文の序を寄せられた。「乳色の雲」をすでに手にされた讀者には重複の憾みがあるが、再版のない小部數の本で、多くの人に行渡つたとは考へられない。佐藤春夫氏の一文は

埋もれ去るに惜しい曠世の大文章である。文中に挿入するのは禮でないが、この機會に全文を錄して、讀者と共にいま一度玩味したい。

朝鮮の詩人等を內地の詩壇に迎へんとするの辭

アジアの命と誇とはその詩心の深さにある。東洋古來の詩心の前には歐洲の近代詩の如きは正に兒戲に類するといふ位の尊大な自負をアジアのすべての詩人達に年久しく要望してゐた自分は、詩に關する限りではギリシヤに優るとも劣ることのないアジアが、無自覺な一切の心醉の果に自らの詩心をさへ捨てゝ惜しまぬのを苦々しく慨はしい事としてゐる。

アジアの詩心は、しかしその生活と一緒に先づ中央アジアから、さうして支那大陸から、遂には我々の祖國からさへ順次にその傳統の姿を沒せんとし、今やこれを歷史以外のどこに求めようかと心細く思はれた今日、端

なくも、歐米文物の直接な侵略からいみじくも免れ得たアジアの一隅の半島に、純粹なアジアの詩心が「乳色の雲」となつて浮び、廢墟の如く殘存してゐるのを見出だした事は自分にとつて近來殆ど無比の快事であつた。「乳色の雲」は彼自身半島の一詩家たる金素雲君が編纂し譯出した朝鮮の詞華集である。作家凡そ四十、作品約百篇から成り大半は抒情詩である。千紫萬紅みなとりどりの趣を示しながら、おしなべて一つの似通ふ節のあるのがおもしろく有難い。こゝに一つの野の同じ時に咲き出でたものとして自づからの約束を見るからである。この花束のなかに豐かに華やかな、樂しげな色合を見出ださうとする人は失望するであらう。しかしながら、さゝやかにつゝましく切々たるあはれは、さながらに霜にうつろふ一莖の野花の如く、またその根もとに枯れ聲を立てたきりぎりすの歌とも聞きなされる。そはボードレールが近代の憂愁に似て自づから非に、ハイネがうたのかなしみにもあらで、寧ろ、アジア古來の暗恨幽愁の、我等が幽玄の

趣に相通ずるものを見るであらう。

彼等が正に廢滅せんとする言葉を以てその民の最後の歌をうたひ上げたといふやうな特別な事情が、かくも我々に訴へるところが深いのであらうか、否か。もろともにあはれと思へ山ざくら花より外に知る人もなきこれ等の歌ひ手の詩情のいぢらしさを心しづかに味はつて見ようではないか。

由來、朝鮮の民の美に對する愛のこまやかさと、その美が日常の生活と甚だ緊密に結びついてゐるのは、心ある一部の工藝美術鑑賞家によつて既に注意されたところである。我等もこの注意によつて久しくこの民敬愛すべく、親しむべしと感じた。その故に去年北京に赴くに當り、わざわざ迂路を半島に求めて彼地を見た。あの荒涼たる山河に漂ふ一脈の雅致——思ふにこの集の編者はこれをなつかしみ「乳色の雲」と名づけたのであらうか——を見るに及んで、この自然のなかにものさびしく孚《はぐく》まれたこの土《ど》の民が美の由來するところを自分は深く悟つた。

思ふに高麗末期以後李朝五百年を通じて前後數世紀の秕政は、本來必ずしも無能でなかつたこの民の多くを老狡な無能者たらしめながらも、勇敢なものを暗殺者に仕立て、しかもその俊敏純眞なものをして詩人として生きる妙法を敎へる事を忘れなかつた。旣に金笠の如き優秀奔放な生活の詩人と、幾多無名の民謠詩人とが存して自分の言の有力な證人となつてくれる。政治に失敗した民が詩歌の領土に於て成功したのも亦暗示の多いのを覺える。

詩の腐葉土を數世紀間蓄積したこの詩歌の溫床が、一朝日輪を得て百花一時に花咲くの盛觀を呈したのは東洋の詩心のために極りなき祝福であつた。まことに詩神は乞食に身をやつした王の如く、不可思議な場所に眠ることを愛したものではある。

又譬へばこれは淸冽な地下水である。それが日本海の海底を潜つて今富嶽の此方に湧出した。正に奇蹟である。アジアの詩心をこの淸泉の一掬に

よつて復活させようとする深い天意であるかも知れない。朝鮮がかういふ方法で我々に酬いようとは！

大陸の文化が、中古、半島を經てわが國に入つたのは單に地理的事情からばかりではなく、大陸から直接では終に受け容れ難いものさゝ、半島の雅致に消化されて後、我等が祖先に快適なものとなり得たのではなからうか。半島の風物は、さうして詩情は、自分にとつてそぞろにものなつかしいものを多く覺えさせた。

自分は內地の詩人たちが、純朴素雅にしてしかも幽趣の漂渺たる半島の詩人たちのために座席をしつらへるに吝かでないのみか、詩法に、また生活に、更に敎へられるところの多からん事を希望するものである。

語を最後に敬愛する半島の詩人等に寄せよう。卿等の廢滅に歸せんとする古の言葉を卿等が最も深く愛しようと思ふならば、宜しく敢然として日常の生活から抛棄し去つて纔に詩の噴火口からこれを輝やかな光とともに

吐くに如《し》くはあるまい。若し夫れたゞ一人のホーマー、一人のゲーテ、一人の杜甫、一人の人麻呂が卿等の間に生れさへすれば、その詩篇のために卿等の失はるべき言葉も亦、世界に研究せられて千古に生きるを妨げないであらう。

皇紀二千五百九十九年秋夕、東京小石川に於て

佐藤春夫誌す

この「乳色の雲」は私一人の譯詩ノートともいふべきもので、後半期の新人が殆ど洩れてをり、朝鮮詩壇の全貌を傳へたものではなかつた。總括した朝鮮詩壇の紹介は後日を俟つて力量ある他の譯者に期待し、自分は昭和四年來の公約を果したことにして一應役遁れをしたいといふことを、同書の後記にも書添へておいた。その口上にも拘らず、四年後の今日、同じ役目がまた自分に廻つて來たことは大いに光榮とせねばならぬところであるが、上述の

やうな事情で、存分に資料と取組むことの出來なかつたのは何としても殘念である。

「吾々は、したいことをしてゐるのではない。出來ることをやつてゐるだけだ。」——「侏儒の言葉」にある芥川のこの警句をいま一度思ひ返すほかはない。第一、第二案の抛棄によつて一應白紙に立返り、新たな第三案が組立てられた。各册十名前後といふ重點主義が覆へされて、淺く廣い見本帖になつたが、三卷の內容は大體に於て次の通りである。

〈前期〉

大正七八年度以後、新詩運動の酣であつた時期の「創造」「廢墟」「白潮」誌同人を中心に、主として大正年代に活躍した初期詩人たち、李光洙、朱耀翰、金億、金廷湜、吳相淳、卞榮魯、趙明熙、朴鐘和、洪思容、

李相和、金東煥、朴英熙、朴八陽、李章熙、梁柱東、韓龍雲、盧子泳、金炯元、金東鳴、鄭芝溶。

〈中期〉

前期に引續き、「詩文學」「文藝月刊」等の同人誌を經て昭和十年創刊の「詩苑」に至るほゞ十年間の中堅詩人を收錄。

林和、朴世永、金大駿、金起林、金泰午、毛允淑、林學洙、趙重洽、李燦、金允植、朴龍喆、許保、異河潤、辛夕汀、李陸史、白石、金大鳳、金珖燮、金尙鎔、吳熙秉、李箱、劉昌宣、柳致環、金龍濟。

〈後期〉

昭和九、十年以後現在に至る「詩人部落」「子午線」「詩學」等の同人及び「文章」の推薦詩人を含む氣鋭の新人群。

徐廷柱、吳章煥、金光均、申石艸、尹崑崗、李庸岳、張萬榮、洪斗杓、朴載崙、李秉珏、閔内均、趙芝薰、趙靈出、李漢稷、朴斗鎭、朴木月、尹泰雄、許南

麒、朴仁培、朴魯春、楊雲閑、金朝奎、盧天命、金鐘漢、張瑞彥。

以上三巻を通じて人員は七十名近く、最初の目論見からすれば倍以上の超過である。現在私の手許に用意された資料は、

「文章」創刊號より終刊までの二十餘册。「人文評論」第二巻以下約十册。「カトリック青年」創刊號以下十九册　他「文藝運動」「朝光」等數册。

「春園詩歌集」李光洙、「岸曙詩集」(金億)、「素月詩抄」(金廷湜)、「御身の沈默」(韓龍雲)、「海棠花」(金東煥)、「草原」(金泰午)、「玄海灘」(林和)、「鹿」(白石)、「花蛇集」(徐廷柱)、「瓦斯燈」(金光均)、「珊瑚林」(盧天命)、「太陽の風俗」(金起林)、「鄕愁」(趙重洽)、「城壁」(吳章煥)、「靑馬詩抄」(柳致環)、其他二三の個人詩集。

現代朝鮮文學全集中の「詩歌集」(朝鮮日報社出版部編)、「現代抒情詩選」(博文文庫)、「現代朝鮮詩人選集」(朝鮮文庫)、「新選詩人集」(詩學社編)。

あとは、第二案に基いて送られた自選作品二百篇ほどと、日刊紙・綜合雜

誌に發表された切抜き少々——、これだけである。準備としては洵に寥々たるものであるが、この乏しい資料を最大限に活かすために能ふかぎりの努力は拂つた。俵刺しで米を拔取るやうに有合せの資料から區々に擇んだものである。必ずしも代表的な作品をすぐり拔いたといふのではないが、先づ〳〵これで一通りの公平は期し得られたかと思ふ。

「創造」「白潮」「廢墟」等の文藝雜誌を初め、「朝鮮文壇」「詩文學」等、それに重立つた大部分の詩集を逸したことは心殘りに勝へないが、有體にいへば、この程度の選集さへ曾て朝鮮詩壇が所有したことはなかつた。それがあれば資料のために苦勞することはないのである。「何々選集」「何々名詩選」と聞えは立派ながら、或る年代を限つた部分的なものか、然らざれば一人一篇などといふお寒いものである。譯詩集であることを離れて、私は新たなアンソロジイ一つを編むといふ心組みでこれに當つた。

謙譲こそは最上の詩である。三百篇の譯詩を以て能事畢れりとするものではないが、實情に疎い讀者が、私の言葉を文字通りに解して「極めて不備な資料」の下に「忽慌一夜漬け」のものをつくり上げたと取られては迷惑である。それでは第一、半年がゝりで資料をたづね廻つてくれた若い友人諸君に相濟まぬ。ひいてはそのことが、朝鮮詩壇の貧困を自ら辯護する口實ともなりかねない。

とはいふものゝ、人員に於て半數、作品の總量からいへば三十分の一にも充たぬ僅かな數である。私の任務がこれで終つたとは考へられないが、微力の及ばぬところは、後日、語に明に、譯技に秀でた適任者の手に委ねる他はない。

遙ゝ自選作品を送られた向も多いが、全體の均衡からそれ等の資料を豫定のやうに役立てることが出來なかつた。折角の協力を無にした形であるが、如上の事由に照して寛恕されたい。三卷の配分については諸條件を參酌し、

出來るだけの注意はしたつもりであるが、年代の前後に必ずしも粗漏が無かつたといへぬ。もつとも、過去の作品を一切抹殺するといふ作者自身の希望によつて、中期に入るべき人でありながら後期新人中に加へられた例などもある。それ等の細かな點は譯者の裁量に信任していたゞきたい。

二巻及び三巻に、譯詩についての心覺えと、出來れば「朝鮮詩壇年譜」のやうなものを添へて備忘回顧に資したい考へである。編纂の都合では、或は人員に二三增減を餘儀なくされる場合もあらうかと思ふ。

資料について、李陸史、金光均、尹石重の諸友に並々ならぬ好助を蒙つた。鎌倉の山居へ會同して人選その他の協議に參畫した朴魯春、曹南嶺、許南麒、朴仁培の諸君にも負ふところが多い。尙又、方針變更のため一再ならず製版を停頓させ、百數十ページを組置きに廻すなどの非常識を敢てしたが、印刷所の木藤氏は終始渝らざる理解を以てそれ等の犧牲を忍ばれた。村上氏の厚

誼と併せて感謝を述べたい。

巻頭のパステル畫は藤島武二畫伯が「自分の詩も一つ加へてもらふつもりで――」といはれて、わざ〳〵二十年前の朝鮮の印象を描いて下さつたものである。校正刷を手にした日に畫伯の逝去が報ぜられた。お目にかけることの出來なかつたのが殘念である。

この三卷の乏しい譯業を白秋先生の墓前に供へるのは强ちに私緣の故からではない。地下三尺の先生の靈にこれ等の詩篇が嘉納されるならば、轗軻不遇の今日の朝鮮詩も亦以て面目となすべきであらうか。

昭和十八年四月

管制下の望汝山居にて　素　雲　生

目次

〈五十音順〉

鄭芝溶

朝鮮詩集

前期

韓龍雲

桐の葉

風のない空から　垂直の波紋を描いては靜かに舞ひ散る
桐の葉――、あれは誰の跫《あしおと》でせう。

霖《なが》雨《あめ》の霽れ間を　西風に吹き追はれる黑雲の崩れた隙間
から　ちらりとのぞいた蒼い空――、あれは誰の瞳で
せう。

花もない大木の　苔古りた肌のあたりに　仄かにこもる

えいはれぬ香り——、あれは誰の息吹でせう。

源を知る人もない遠い山あひから流れては　河床の小石
轉《まろ》ばすせゝらぎの音——、あれは誰の歌聲でせう。

蓮《はちす》の踵で涯しない海を踏み　紅玉の掌で西空を撫でさす
る落日の粧ひ　遠茜——、あれは誰の詩なのでせう。

燃えくづれ　燃えつきては　またしても炎ゆらぐ　消ゆ
る日のない心の嘆き、——これは誰の夜を護るか細い
灯《ともしび》でせう。

祕密

祕密ですつて――　なんの、わたしに祕密なんぞがありますものか。
一度は祕密を藏ひ込んでもおきました。でも　やつぱりわたしには祕密が守れないのです。

わたしの祕密は泪を通して　あなたの視覺に見やぶられたのです。

わたしの祕密は吐息を通して　あなたの聽覺に氣どられたのです。

わたしの祕密は胸のときめきで　あなたの觸覺に感づかれたのです。

も一つの祕密は一ひらのまことゞろとなつて　あなたの夢に忍び入つたのです。

それからなほ一つ　最後の祕密があるのですが、さてこれはつかりは鳴かぬ啞蟬《おしぜみ》のやうなもので　どうにも言ひ現はす手だてがありません。

藝術家

わたしは不器用な畫家です。
眠られぬ夜　寢床に橫たはり　指を胸にもつていつては
あなたの鼻や口、それから兩の頰に彫り刻まれた二つ
　の笑窪を描き上げます。
それなのに　いつも仄かな微笑の漂ふあなたの目もとば

かりは、百たびも描いては消し　描いては消しするのです。

わたしは意氣地のない聲樂家です。

隣の人もかへり、蟲のすだきも杜絶えたころ、あなたにをそはつた歌を吟みかけては　睡《ね》てゐる猫に恥しくてどうにも歌ひきれないのです。

そこで　吹過ぎる小風が戸の目張りを鳴らすとき　そつと聲に出して合唱したといふわけです。

わたしなぞ　抒情詩人になるには餘りに素質が乏し過ぎ
ます。
歡びや、哀しみや、愛や、そんなものを詩《うた》に綴らうとは
思ひません。
あなたのおもざしや、聲や、歩きぶり、それらをものし
たいばかりです。
それから　あなたの住まふお家や、寢臺や、花園にある
小石などを——。

渡し舟

わたしは　渡し舟
あなたは　旅人。

あなたは土足でもつて　わたしを踏み躪る、
わたしは　あなたを載せて水を渡る、
深い河でも　浅瀬でも　流れの早い急湍でも　かまはず
渡る。

あなたの見えるまでは
風に吹晒され　雨雪に打たれながら　夜もすがらわたしは待ちつゞける、
あなたは　河さへ渡れば　後をも振りかへらずに行ってしまふ。
それでもあなたはきつと來る、いつかは來る。
あなたを待暮しながら　日毎にわたしは朽ちてゆく。

わたしは渡し舟、
あなたは　旅人。

快樂

なつかしい人よ
あなたのゐられた昔のやうに　いまもわたしが　倖だと
　お思ひですか、
もしもさうなら　知らざることあまりにも遠しといふも
　のです。

あなたが去られてからこのかた、心の歡びとては　秋空

にとゞめた　はぐれ雁の足跡ほどもありません。

鏡に見入るとき　ひとりでに泛んだあの微笑も　もうわたしのものではなくなりました。

花を植ゑ　草木に水をやるしぐさも　棄てました。

夜更けの窓を訪なふ月影のさゝやきも　心を樂しませるに足りません。

蒸透る眞夏　夕立の過ぎたあとへ　山裾の杜を吹く風の涼しさも　さまではうれしくないのです。

消息を問ふ人もありません。心のすさびを欲しいとも思

ひませんｏ

たゞ一つ、新たに見出した快樂があります。
ひとりゐの折ふしを　心ゆくまで泣き浸ること、
これこそは　あなたの遺してゆかれたたゞ一つの　世に
も得難い快樂なのです。

金億

海　棠

岸邊に咲ける
海棠の
なにを愁ひて
うなだれし。

風の戯《たは》れに
羞ぢらひて
染めたる頰の
愛《かな》しけれ。

わが戀は

水の面《も》に
映ろひゆらぐ
たそがれの
影にも似たれ
わが戀は、
さびしとも　さびし。

月沈む
夜更けの庭に
舞ひ散らふ
落葉に似たれ
わが戀は、
音《おと》さへ得立てず。

淡雪

淡雪の降りしきり
降りつもりては消えゆくあはれ、
雪ながら　はかなしや
ひねもすを念ひつのりて
夜明くればあとかたあらぬ
わが想ひにも似たれ　かの雪。

花の訓へ

春かぜに
花ひらく、
かの人の來るらし。

春かぜに
花ぞ散る、
かの人の去りゆくらし。

峠路

ちらちらと
粉雪の降る宵でした
峠路を
越えて　あなたのいらしたは、

ほのぼのと

夜の明けそめるころでした
峠路へ
あなたひとりを　かへしたは。

詮もない
むかしのゆめと知りながら
せつなさは
いまにわすれぬ　雪の宵。

稿料

詩一篇に三圓ぢやとて
何をくよ〳〵　そぢやないか
李白一斗　詩百篇
その勘定で置いて見な
かたじけなくも三百兩
一日儲けぢやないかいな。

友情

求めて得られざるなき宇宙の著者
八を八倍して八十八たらしむる全能者よ
きのふ僕《しもべ》は市へゆき
「友情」なる怪物を一盃の酒で購ひ、己が所有といたしました。
さて　けふは　なんとしたことでございませう

いささかの酒手に事缺いたばかりに
無念や　友情めを取遁してしまつたのです
僕の心事《しちべ》たるや譬ふるに言葉もありません。
冀くば全能者よ
いま一度　僕の手に失はれた友情を得させたまへ
何卒して卽刻只今・僕のものたらしめたまへ
求めて得られざるなき全智全能の著者よ
願くば　僕の禱に應へたまへ。

幸福

さて諸君、
諸君の探し求める「幸福」へ　一つわしが案内《あない》申さう、
道徳の禮服、常識の冠を手際よく身につけて
このわしに従いてお出でなさい。
ここは「利己」の假面舞踏場で、
念にも及ばぬことながら　踊り上手が何よりの條件、

さもないと「運命」の穽へ　すつてんころりと落つこ
　ちますからな、
落ちたが最後　幸福の名簿からは忽ち削除
二度と入場券を手にすることは叶ひませぬぞ、
人生は短く　踊りは永し
一寸の光陰　輕んずべからず、
さらば諸君　善は急げぢや
轉ばぬやうに氣をつけて、さあさ　踊つたり踊つたり。

金炯元

不純の血

僞豫言者に心せよ、羊の扮裝《よそほひ》して來れども、内は奪ひ掠むる豺狼《おほかみ》なり。その果《み》によりて彼等を知るべし。茨より葡萄を、薊より無花果をとる者あらんや。——馬太傳七・一五—一六。

不純の血!
不純の血は靜脈へかへれ。

いまは正午、眞夏の

生命の絶頂、動脈の季節、
細菌よりして人類に至るまで
宇宙の隅々に
行進の喇叭は鳴りわたる。

おゝ　不純の血！　汝は
いまこそ汝の宿命へかへれ。

病める魂よ！
頭から爪足までの　不純の血の蹂躙よ！

光明の一畫を　闇夜に
置き代へたかなしみよ！

おゝ　不純の血！

裸ん坊の歌

おいらは裸ん坊だ
一切がおいらには無用だ
是非も知らねば善悪も知らぬ
おいらは裸ん坊だ。

おいらは裸ん坊だ
制度因襲の端正な身繕ひに秋波を送り

悪臭放つ舊道徳に鼻を突つ込んだ
おいらは本能の前に脆くも降參した生《はえ》たての稚《をさな》い草だ。

おいらは稚い草だ
おいらは裸ん坊だ
おいらにはたゞ成長があるばかり、
太陽と星辰の隕命の日まで
おいらには生長の甘露が降り注ぐのだ。
生きとし生ける生物ともろともに
おいらは　窮りない生長の祝宴《うたげ》を開くのだ。

そこで　おいらは歌ふ
萬物の靈長たる人間から
肥溜を宇宙とする蛆虫に至るまで——、
だが　足弟たち、
おいらがこんな歌を
（こんな出まかせな矛盾だらけの歌を）
躊はずに君達に送るのを喜んでくれたまへ。

新しい種族よ！　おいらの兄弟よ！

君たちは脫ぎ棄てるのだ　つゞれの襤褸ぎれを、
そして絕望の陷穽《おとしあな》から今の今匍ひ上るのだ。

雄々しく健氣な新しい種族よ
朝の光は金の矢を射放つ
生長の畑はまだ處女地だ
開拓の鍬を振りかぶるのだ
艶々しい裸身《はだかみ》を大地に躍らせて
大いなる朝の歌を合唱するのだ。

おいらは裸ん坊だ
おらたちは裸ん坊だ。
個性はおらたちの蒔く生命の種、
おらたちには天災も地變もない。
おらたちは生えたての稚い草と一緒に
陽の光を食べ、呑み、身に纒ひながら
永遠の生命《いのち》の朝を歌ふのだ。

金廷湜

うたごゑ

よきひとのうたごゑは
こゝろにぞ濡れそぼる。

ひねもすは外にたゝずみ
きゝまもるうたのしらべの
暮れなづむ夕《ゆうべ》の耳に
はた　よるのゆめに泌むなる。

あはれ　かのうたの細音《ほそね》に
睡《うまい》こそいよゝ深しや
ひとりねのわぶる臥床も
さながらにゆめのはなぞの。

しかすがに　醒めてののちの
うた一つあらぬ憂《う》たてさ、
うつゝこそいかにせつなき
かのうたの　きゝつゝわずる。

ついぞ昔は

春秋ならず夜毎の月を
ついぞ昔は知らなんだ。
かうもせつないためいきを
ついぞ昔は知らなんだ。

月は仰いでみるものと
　ついぞ昔は知らなんだ。

いまにかなしいあの月を
　ついぞ昔は知らなんだ。

わすれねばこそ

わすれねばこそ　こゝろもくるふ、
ならば一生《ひとよ》をたゞ生きなされ
生きりやわすれる日もござる。

わすれねばこそ　おもひはつのる、

ならば月日をたゞ經《へ》りなされ
たまにや想はぬ日もござる。

したがはてさて　こればつかりは、
——しんじつ戀しいこゝろのひとを
束の間ぢやとて　どうわすれよう。

のちの日

いや遠きのちの日に
きみに逢ひなば「わすれたり。」
つれなしときみ怨じなば
「想ひわびてぞわすれたり。」

かさねてきみの咎《とが》めなば
「待つよしなくにわすれたり。」

きのふもけふも得わすれず
遠きのちの日「わすれたり。」

岩つゝじ

どうで別れの
日が來たら
なんにもいはずと　送りましよ。
寧邊《ねいへん》藥山《やくさん》
岩つゝじ

摘んで　お道に敷きませう。

歩み歩みに
そのつゝじ
そつと踏まへて　お行きなさい。

どうで別れの
日が來たら
死んでも　涙は見せませぬ。

立つ日

戀しと
いへば
なほ戀し、

いつそ
だまつて
立たうかしら。

山の鴉は　野鴉は
陽が落ちるとて
啼きさはぐ。

せはしないぞい
河水は
早く來やれと
早く行きやれと
せき立てる。

師

ジエイ・エム・エス

平壤に出でたまへる人格のその人
徳なきわれを憎みたまひ
才あるわれを愛したまへり。
五山*にゐたまひしジエイ・エム・エス
たまさかの夢圓《まど》らなる寢覺の朝
ゆくりなくも
十《じふ》年《ねん》の古りし想ひ出蘇る。

痘瘡《あはた》の面《おも》、低き背《せい》、瘦せたまへる身に
くろがねの志操は迸り、
炯々と兩の瞳の燃え輝きし
熱情の人、はらからのために泣ける人。

素朴なる風貌、仁慈のまなざし、さながらに瞼にあれど
かひなしや　酒、女、利慾に惑ひて
濁り果てにし　おどろなるこゝろに
如何なれば御身《おみ》の訪なひたまひしぞ　この朝。

忝しや　大いなる師の愛の死する日はなく
荒みたる記憶の奥に　いまもなほ潜むなり。
悔多き一生《ひとよ》の命果つるまで
かのなつかしき面影の　こゝろに消ゆる日はあらじ。

* 五山――新教育の濫觴期より大正年代へかけて全鮮の青年學徒が憧憬の的たりし西鮮の五山學校をいふ。

金東煥

北國

北國《きたぐに》は日毎夜毎を雪が降る、
灰色の空から白い雪が降りしきるたびに
雪に埋れてゆく眞白《ましろ》い北朝鮮が見える。

時折り驢馬泣かせの吹雪が
漠北江の向ふ岸から荒砂を運んでは

寒さにちゞこまる白衣人《びやくえじん》の耳たぼを打つ。

寒けれやこゝそ遠來の客を
無理にも引きとゞめはせず、
春だとて連翹《れんげう》を見に來た人も
雪橇に乘せて南へ送りかへすのさ。

白熊が吼え、北狼星が瞬く夜毎、
燕住む國を戀ひわびるおいらたちは
かい抱《だ》いて赤星《せきせい》を指しながら氷の原で踊るのさ

焚火に映える異邦人の蒼い瞳を見ながら——。

北國は寒さも寒し　今宵もまた
江越《かは》しに密輸入馬車の轍《わだち》の音が聞える、
氷の床の引軋る音に橇の鈴も掻き消される
おゝ雪が降る　白い雪が——。

北塞へ急ぐ引越の荷の上に
音もなく牡丹雪が降りしきる　降りしきる。

最終夜

赫々《あか〳〵》と　赫々と　燃えたぎり燃えて死ぬる日輪《ひ》、死ぬると知りてなほ燃ゆる、燃えざれば死なずと知れど　われとわが身を焚き盡す　その日輪ゆゑ拜《おろ》がみぞすれ。

火取虫　火に入るは　死なむとてか　生きむとてか、生きむとすれば死ぬるなれ、七日《なぬか》あまりの生命《いのち》ながらに聲張りて鳴く蜩《ひぐらし》の、果敢なかるともいや強《たけ》き　そのい

のち肖《あや》からむ　われ。

九龍淵　轉《まろ》ぶ瀧つ瀬のそれのごと　音とどろかせ墜ちなばや、あるはまた　山としいはず野としいはず　溢れひろごり押しまろぶ　大海嘯《おほつなみ》とはならむかな。

笑はざる日のひさしきに　口すゝぎゐて「あははは」と高笑ひしたれば、凍《い》てし聲　秋空に　響きもあへず打返し　胸に止まりて泪とはなりにけらしな。

鐵の大鷲

映畫「世紀の凱旋」に寄す

1

ひとたび羽搏いては　アルサスローレン宿怨の地を收め
ふたゝび羽搏いては　波蘭・チエッコの乳と蜜流るゝ地
　を領し
三たび羽搏いては　巴里・アントワープの衢々《ちまた》を席巻し

つゝ
ライン江畔空高く　翼翳した鐵《てつ》の大鷲よ
友邦獨逸の盟主、八千萬ゲルマン民族の父
ハイル・ヒツトラー！　ハイル・ヒツトラー！　東方の
　男の子われも
遙か南　伯林の空へ向けて　けふ三たびそなたの名を呼
ばふ。

2

「世紀の凱旋」――

畫面は幾十萬ガロン　ガソリンの動員に始まり
つゞいて　獨佛街道に遺棄された英佛敗軍の山なす彈藥
や武器、
廣漠たるダンケマルク草原の　木碑立つ古戰場など――、
思ひ見る二十五年の昔、そなたは背嚢荷ふ一伍長として
祖國のためにこゝで戰ひ、こゝで傷いた。
暗涙の記憶よ！　叢を血潮に染めた幾萬の僚友の靈に
いまこそ告げる言葉――御身《おみ》らに代りけふわれ祖國の讎《あだ》
を報ぜりと。

3

畫面は導く、歴史の地コンピエーヌの欝蒼たる森へ——
二十二年前　ゲルマン民族が膝を屈したその同じ地に
そなたはいま　戰勝者の誇りも嚴かに調印を命ずる。
おゝ　この日ゆゑに耐え忍んだ幾久しい屈辱よ　飢よ！
堰き堪えた切齒悲憤の四半世紀よ！

4

一九四〇年九月五日　總統の伯林凱旋！

鍬取る農夫の、牛追ふ童の、ハンマー持つ職工の、輝く
　瞳に見護られて
凱旋列車はやがて伯林停車場に到着する。
歡呼のどよめき、高らかな勝利の歌の搖り返す中を
ヒツトラー・ユーゲントの乙女等が裳《もすそ》一ぱいに摘んでは
　地に敷きのべた花と笑ひ！
歩み歩みに　この花踏みたまへと、
踏みつゝ　笑まひつゝ　歸り來ませと、
愉しいかな　この日！
壯んなるかな　新たなる歴史の朝！

いよゝ高く羽打ち鳴らし　いよゝ高く天《あま》翔《かけ》りたまへ　こ
　ののちの日も
世紀の英雄よ！
鐵の大鷲よ！

金東鳴

芭蕉

祖國《おやくに》を離《さか》るいくとせ
芭蕉のゆめあはれ。

南國へ向けし鄕愁　火と燃えて
爾《な》が魂《たま》は修道女《しうどうめ》のごと病めるかな。

夕立を戀ふる爾《なれ》　情熱のをみな子よ
泉汲みてぞ爾が足に濺《そゝ》がなむ。

夜寒し、
わが枕邊に爾を置かばや。

われまこと　爾がために跪く僕とならむ
爾が垂れし裳《もすそ》もて　われらが冬を蔽ふべし。

海

ふたゝび　われの若きにかへるは
かのなつかしき裳《もすそ》の
わが脚に　まつはるとき。

やがて　しなやかなる腕《かひな》に
われの抱かるゝとき
骨は眞白き貝殼のごと

かの懷に在りて光り燦《きらめ》く幻覺に醉ふ。

わが胸を小さき港灣《みなと》に譬へなば
うねり寄る渚の波は
異國《とつくに》の夢齎するわが訪なひ人
想ひは千尋の海底《うなそこ》の海草と搖るゝなり。

月

月は黄昏と同じく
恒に渝らざる信篤きわが親友
まこと彼等を措いて吾家を訪るゝ者はない。
月は彼の貧しい友のため
白金の毛氈を餞けては
吾家の庭に敷きつめる。

わたしは王者の如くその上を歩みながら
盛んなるべき朝を夢みる。

こゝろ

わたしのこゝろは湖水です
どうぞ漕いでお出でなさい。
あなたの白い影を抱き
玉と砕けて
舟べりへ散りもしませう。

わたしのこゝろは燈燭《ともしび》です

あの扉を閉めてください。
あなたの綾衣《ころも》の裾にふるへて
こゝろ靜かに
燃えつきてもさしあげませう。

わたしのこゝろは旅人です
あなたは笛をお吹きなさい。
月の下　耳傾けて
こゝろ愉しく
わたしの夜を明かすとしませう。

わたしのこゝろは落葉です
暫しお庭にとゞめてください。
やがて風吹けば　さすらひ人のやうに
またも　あなたを離れませう。

洪思容

われは王にてあり

われは王にてあり、われは王にてあり、御母《おんはゝ》の慈しみい
と篤きめぐし子　われは王にてあり。いぶせき賤家に
生ひたる身なれど――。
さりながら　十王殿《じふわうでん》をも追はれたる　われは涙の王にて
あり。

始めにわが與へたるは何ぞ——かく御母の問ひたまはゞ
始めに御身の授けしは愛なりし、しかあれどそは泪にて
候ひき——かく答へまつるべし　それのみとにはあら
ねど、

始めわれに求めしは何ぞ——かく御母の問ひたまはゞ
始めにわが乞ひたるは乳なりし、しかあれどそは言の葉
ならず　呱々の聲にて候ひき——かく答へまつるべし
それのみとにはあらねど。

御母の曰《のたま》へる——王始めに世に出《いで》しとき　御母の流した
まへる紅《くれなゐ》の血汐　身に帯《お》びゐたりしと、
かの日　村人の老や若きが「何ぞ、何が生れたるぞ」と
空《あだ》に立騒げるときも
御母は歡ばず、答へまさず、ゆゑ知らぬ憂ひに泪したま
ひ、
裸身の王子われも御母の傍《かたへ》に在りて　小さき脚蹴立てつ
聲張りて泣きゐたりしと。

月おぼろなる夕《ゆふべ》なりし、裏山に梟《ふくろ》鳴き——、

御母は過ぎし日のことども語られしが、何に想ひ到りけ
む　せつなき吐息つきたまひ、笑まへるごと仄白《ほのじろ》き顔《かんばせ》
　伏せたまひき、
王はつねながら泪せき上げ　泣き耐ふるすべさへ知らず
　聲放ちたりしが
その泪　なにゆゑの泪とは知らず、
御母の睡みたまふときも　王は獨り歔《すゝ》り上げにき
御母の泪　王の頰に落ち傳ふとき　かなしみいよゝひろ
ごりて　とゞめあへぬ泪に　王も泣き浸りにき。

十一の年明け　＊正月十四日宵　己が影を見むとて出でし
が、――壽命は永きや短きやと、
王の朋輩《とちがら》　心なき童べらの嗤ひ囃すやう、「あなをかし
汝《な》が影に首《かうべ》は見えず」と、
且つ脅え、且つは愕き、御母の耳にも届けと　聲あげて
泣きたりき、死ぬるといふが怖ろしく。

樵夫《まきとり》の山歌追ひゆく途すがら　始めに聽ける柩歌《ひつぎ》――、
九折《つゞら》の峠路をゆく葬輿軍《ともらひびと》の噎ぶに似たる歌聲、
その峠路の　岩清水湧く泉の路を外《そ》れたるあたり　野茨

の叢に啼く青色の小鳥一羽、
その鳥をなつかしみ幼き王われは　駈け寄らむとして石
につまづき　膝がしら擦りつまたしても愚かしく泣き
出だしき。

祖母の墓へ花供へむとてゆく寒食の朝
御母は王に白き新衣《にひごろも》纏はせ
*耳脇の髪毛　あざなひたまひつ
「今日よりは泪すまじ　ゆめ泣くまいぞ。」
その日よりして泪の王は

母に隠れ　人を離れて　心に泣くすべをぞ學びたるなれ。

朽葉の色づきたる山路を、烽*火臺の崩れのこるほとりを、
追はるる者の歌吟《くちずさ》みさまよふときも　岩蔭の石佛は　身
じろがず　眉上げず——、
裏山の將軍岩に日毎宿る浮雲の　王の泪を載せては消え
し幾たびぞ。

われは王にてあり、御母の獨子われは　かく耀《かゞよ》へる王に
てあり、

さなり　泪の王、地の涯《はて》　國のかぎり、哀しみあるところ　そは統《な》べて王のしろしめす領土にてあり。

＊正月十四日宵――この日、月あかりに影を映して首の缺けたるは早く死ぬるといふ占ひの習俗あり。

＊耳脇の髮毛　――　童子童女の耳脇に髮毛をあざなひ添へて未婚のしるしとなしたるを云ふ。

＊烽火臺　―　國事の急變等に烽火を擧げて合圖となしたる山上の臺。

吳相淳

アジア最終夜の風景

アジアの眞理は夜の眞理である

アジアは夜《よる》が支配する、そして夜を統治する、
夜はアジアの心の象徴、そしてアジアは夜の實現、
アジアの夜は永遠であり、アジアは夜の受胎者である。
夜はアジアの產母であり、且つはまた產婆である。

アジアは夜が餞けた贈物である。

夜はアジアの主《あるじ》であり、守護神である。
アジアは闇の神がしろしめす國土であり、世界である。

アジアの夜は限りなく廣く　底知れぬまでに深い。
夜はアジアの心臟である。アジアの心臟は夜を鼓動する。
アジアは夜の呼吸器管、そして夜はアジアの呼吸、
夜はアジアの眼である。夜を通して一切相を洞察する、
　梟の眼のやうに――。
夜はアジアの耳である。アジアは夜によつて一切音を聽
取る。

夜はアジアの感覺であり、感性であり、性慾である。

アジアは夜によつて萬有愛に醒め、抱擁する。

夜はアジアの食慾である。アジアは夜を食べて息づく。

アジアは夜に向け　その靈魂の糧を求める、猛獸のやうに——。

夜はアジアの芳醇な酒である。アジアは夜を醉ひ、歌ひ、且つ踊る。

夜はアジアの心であり、悟性であり、その行《ぎやう》である。

アジアの認識も、叡智も、信仰も、すべて夜の實現であり、表現である。
アジアの心は夜の心——アジアの生理系統と精神體系は蓋しアジアの夜が織りなせる神秘的所產たらずんばあらず——。

夜はアジアの美學であり、宗教である。
夜はアジアの唯一の愛であり、誇であり、寶玉であり、榮光である。
夜はアジアの靈魂の宮殿、個性の基、性格の礎《いしずゑ》、

夜はアジアの持つ無盡藏の寳庫である。——魔法使の箱のやうな、
夜はとりも直さずアジア、アジアはとりも直さず夜、
アジアの悠久たる生命と、個性と、性格の歴史は、夜の記錄であり、
夜の神の足跡であり、夜の造化であり、夜の生命の創造的發展史。

見よ　アジアの山河、大地、物相、風物、人物、品格、文化——、

有相無相の一切をおしなべて夜の洗禮を受けざるはない。
アジアの山脈はアジアの水のリズムを象徴し、アジアの
水のリズムまた　アジアの夜のリズムを象徴し――、
アジアの乙女らの黒髪にこもる　アジアの夜の仄かなる
息吹のリズム――。

片腕よく地軸を搖がし天地を含吐するに足る逞ましく猛
きアジアの男の子にも　その心の一隅に早乙女の髪毛
にも似てあやしく震へ縺れ寄る夜の潮《うしほ》のリズムがある。
仄かにも立ちゆらぎ　漂ひ合ふその曲線。

且つはアジアの男の子等が己を賣りて、酒と、美と、吐息を購ふ浩蕩な放遊性も支へ難いこの夜のゆゑ、夜に醉ひ、夜を愛し、夜を歡喜し、夜を讃へ――、夜生れて夜を生き、夜の中に死にゆく。夜はアジアの運命である。

アジアの沈默と、靜謐と、幽寂と、枯淡と、典雅と、曲線と、餘韻と、玄晦と、幽影と、後光と、さては滋味、三昧、醍醐味、――これらはアジアの夜の神々の饗宴に供ふべき交響曲の樂譜――、

おゝ崇嚴にして幽玄なる、神祕にして不可思議なるアジアの夜よ。

太陽は燃燒し、刺戟し、誇張し、傲慢に君臨し、命令する。

且つは男性的であり、父格であり、積極的であり、攻勢的である。

隨つて、物理的であり、現實的であり、學問的であり、自己中心的であり、鬪爭的であり、物體的であり、物質的である。

太陽の子女等は氣負ひ立ち、嫉妬し、爭ひ、建設し、破壞し、突進する。
白日の下 自信を以て萬有を分析し、解剖し、綜合し、統一し、
盛ることを知つて衰へるを知らず、勢《きほひ》よく冒險し、制作し、雄叫び、身じろぎ、疲勞する。
差別相に低徊し、有の面に固執する、
こゝに圖らざる悲劇の誕生の胚胎はある。

―その一節―

黎明頌

アジアの夜、
おゝ　アジアの夜！
言はず語らはぬアジアの夜の　虚空にも似た底知れぬ闇
よ、
帝王の棺槨《ひつぎ》の漆より黒く　廢墟の祭壇に額づき祈る衣白
き處女《をとめ》らのそのたをやかな肩に波打つ髩毛の色にもま
して黑い　アジアの夜、――夜の闇の深さよ！

アジアの地、
おゝ　アジアの地！
いくたびか靈魂の太陽の　さし昇り沒したる地、
燦爛たる文化の　花咲き花散りし地、
歴史の地軸を搖がした幾多帝國の屍體が　このアジアの
地底《ぢぞこ》には横たはつてゐることぞ。

異端と妖鬼に蹂躪された世紀末のアジア、
殺戮の血に彩られたアジアの海の色――、

アジアの男の子らの逞しき睪丸《ふぐり》は妖鬼の牙にかけられ、
アジアの處女の聖なる乳房は毒蛇の啖ふに委ねられたり、
おゝ　アジアの悲劇の夜よ、夜の闇の長さよ！

天はあくまで高く、地はいやさらに厚く、
隆々たる山岳、欝蒼たる森林、
海深く、湖水蒼く、
野はひらけ、沙漠は無邊、
あまつさへ天日のいや明るき——、
山に山の幸、海に海の幸、

豐かに香はしき地の寶の　汲めども盡きぬアジアの天惠《めぐみ》。
萬古の祕密、驚異と奇蹟、神祕と陶醉、瞑想と沈默の具
　現體たる大アジア、
哲學の及び得ざる祕境、頓悟味到の聖地アジア！

毒酒と阿片と、
美と禪と——、
窮りなき自尊、限りなき汚辱、
祝福と咒咀を相半ばして　幾久しきアジアの業《ごふ》よ。

涯しなき逡巡、韜晦と懐疑、苦悶の常闇よ、
おゝ　アジアの運命の夜よ。

いまこそわれらは呼ぶ、暁を！
いまこそわれらは冀ふ、雷《いかづち》を！
いまこそわれらは禱る——この夜を微塵に砕く霹靂を！

呻吟の床、夢魔に魘されたアジアの獅子がいま醒める。
閉された地底の太陽がいま身じろぐ。
おゝ　太陽が身じろぐ、

夜が明ける。

迷信、魔術、瞑想、陶醉、享樂、耽溺に蠢くともがらよ、
いまこそ　御身《おみ》らの美女を刎《くびき》り、
毒酒の盞を地に碎き、阿片の管を挫き折り、禪床を蹴つ
て起ち出でたまへ、
混濁と不淨の鐵扉を毀ち、縛《いまし》めの手繩を切つて、幽閉の
地底より起ち出でたまへ！

いま黎明の瑞光はたなびく、　地平の彼方に、

くれなゐの朝の光　アジアの空に映えて
おゝ　世紀の夜が明ける、
アジアの夜が明ける！
雄渾にて莊嚴なるアジアの道が、
遙かにして巨大なる東方の道が、
ふたたび　われらをさし招く。

さらば　アジアの夜よ
忍辱と細心の夜の守護神よ
とこしへに闇と共に去れ。

朱耀翰

春をのぞみて

水蒼く砂を透かせて　島影に白帆まつはり
野のあなた薄むらさきの　春の靄ぬれしづむころ
丘の邊に花を摘むとて　麓路にきみを見むとて
往きもどる白きこころもの　慕はしきかの地をのぞみ
いざともにわれらゆかなむ——。

立つ秋の陽ざしは暑く　松の木のいまだをさなき

弟の塋《おくつき》の前　名なし草生へるぞあはれ
山里の麥打つ丘に　蜻蛉《やんま》來て飛べるひと日の
をさなゆめ搖れてほのけき　かのころのかの山のぞみ
相ともにわれらゆかなむ――。

齡《とし》經《ふ》りし楡《にれ》の梢に　朝夕を鵲《からす》來て啼き
蔦草の靑くしげりて　搦まれる墻《かき》のほとりに
降りそぼる雨をうれしみ　花摘みてうたひ戲《たは》れし
家根低きふるさとの家　なつかしきかの春のぞみ
よりそひてわれらゆかなむ――。

雨の音

雨が降ります
夜はしづかに羽をひろげ
雨は庭先に呟きます
そつとさゝやく雛子《ひよこ》のやうに。

おぼろ月が糸屑のやう
星からも春が滴りさうに
生溫い風が吹いたと思つたら
けふは　この暗い夜を雨が降ります。

雨が降ります
なつかしい訪なひ人のやうに、
窓明けて迎へようにも
目には見えず　呟きながら雨が降ります。

雨が降ります
庭先に　窓邊に　家根の上に
人知れぬたのしいしらせを
こゝろにもたらす雨が降ります。

春の月を捉らうと

春の月を捉《と》らうと
蒼影《かげ》を踏んで來てみたら
丘の草を吹く風ばかり
月は江《かは》の　あなたはるかへ。

春の月を捉らうと
金波《なみ》を漕いで來てみたら
石洗ふ瀨音は寂びて
月は野を越え　峠向ふに。

春の月を捉らうと
夜を徜つて來てみたら
そつと顏をさしのぞかせて
「夢でなくば　よも來られまい。」

春の月を捉らうと
夢を辿つて來てみたら
星たちが立ちはだかつて
「夢でなくば　よも來られまい。」

春の雪

青い梢に降りかゝる
南國の雪　春の雪、

夜明けを待たで消えように、
あとかたさへも失せように、

青い梢の花一つ
はかないゆめの　春の雪、
若い身空に似もつかぬ
南國の雪　白い雪。

實驗室 1

生長する　生長する　結晶體、
瞬く間に　樹木のやうに
枝がのび　小枝がのび、
鮮かな彫刻、生命よりもなほ鮮かな
生長する　生長する

試驗管の中の結晶體。

濃厚な溶液、
降下する溫度、
鑛物體の
化學合成物の
美しき發芽、
生長する　生長する　結晶體。

精美にして整然、

生長する結晶體、
その　こよなき美のゆゑに
科學には　詩《うた》がある。

實驗室 4

その昔　外國《とつぐに》の美女の市さながらに
いろとりどりの金屬が　妍を競ふ實驗室。

これなるは　まなじり切れて　男勝りの輕金屬、
加里、曹達、石油瓶の　しがない身空ぢやあるけれど
待てば海路の、蒸溜水に返り咲く日を夢みてござる。

お立會、まこと命もいらぬ戀の炎に身を燒かうなら
苛性加里の熱いくちづけ　拒むことではありませぬ。

つぎなるは素服《しろごろも》つゝましいアルミニユーム、カルシウム、
　さてはマグネシウム、
たをやめの面《おも》さへあげぬ　優にやさしい心根ながら
火に焚けばマグネシウムは　星と見まがふ煌《きらめ》きの、
カルシウムは滾《たぎ》る思ひの　あくまで白い生石灰、
さりながら　やりくり上手、氣さくで　まめで、
アルミほどのよい世話女房は　またとござんすまい。

そのまたつぎは鐵に銅、なりふりかまはぬ亞鉛など、
堅氣で、地味で、ちよつと見は不愛想にも見えますなれど、

なかなかにもちまして　こなたさんたちのお手柄こそは
あまた世間の厨女《くりやめ》の功德にも類ふべきもの。

奇しき神祕は白銅の青、その對をなすコバルトの紅《あか》、
着附け上手は黃の裳《チマ》の、カドミウムやクロムたち、
さるにても水銀は　道心堅固の尼どので

昇汞や朱土のあばずれが　これから出たとは解せぬ不思
　議。

さて、重たき鉛、名にし負ふラヂウムの昔がたりもさる
　ことながら
銀《しろがね》こそは世に愧ぢぬ操正しい令夫人、
禮儀作法はいふもさらなり　飾らぬ白の氣高さ　奥床し
　さ、
高慢ちきに取澄ました金や白金の氣位よりは
御《ご》覽《らう》じ、この銀の　あくまで淨いまことの美を。

お立會、これはこれ　噂に高い美女の市
くさぐさの金屬が　色競ふ實驗室。

生と死と

生は落照《いりび》の血の海
姦しく猛き空、
死は夜明け、白い靄、
淨らな呼吸、素服《そふく》の色。

生は　灯《ともしび》のはためき
——かなしい喜劇、
死は　光しづめた金剛石
——美はしい悲劇。

大洋《おほうみ》にさかまく怒濤
帆柱に吼ゆる風の慟哭——、
音もなく降り積む雪に
ほほゑむ月の淡い光——。

生は死へゆく磧路《かはらみち》
死は　新しい生命《いのち》の朝、
たてよこに織りなす機《はた》の生と死と
妙なる綾に光添ふ　死と生と――。

趙明熙

驚異

お母さん　お聴きですか
あの黄昏のさゝやきを、
杜の木の間に闇はさしのぞき
溪川のせゝらぎもひとしほ細りました
樹々はいま　禱りの時刻《とき》です。

お母さん　お聴きですか
手を置いて耳澄ましてください
あの　栗の木の下に
實の落ちる音が聞えるでせう
ことりと音がして　地に落ちたのです
宇宙の新子《にひご》が産れた報らせです
燈燭《ともしび》さし上げてお出でなさい
新らしい今宵の客　頭《かしら》を垂れて迎へませう。

春の芝生の上に

芝生でわたしが跳びまろぶとき
母上がこのさまを見てはくださるまいか。

をさな兒が乳房にすがつて甘えるやうに
わたしが春の芝生に戯れ遊ぶとき

まこと母上は　このさまを見てくださるまいか。

狂ほしいばかりの身悶えに
母よ！　母よ！　と呼び立てれば
地が應へ　空が應へて
いづれが母か　辨別《わか》つすべなや。

咒禱

主よ！
御身《おみ》が運命の箸で
この蛆をさし挿み　地に落すとき
さだめし御身も矛盾の吐息を洩らされたであらう。
この汚辱の面が　地に抛り出されたとき

耀ふ天日もそびらを向け、顔甓めたことであらう。

おゝ　穢れた肉を何に啖はさうぞ、
穢れたこの血をどこへ押し流さうぞ、
主よ　つひに棄去りたまふものならば
雷《いかづち》を賜はらぬか
雷の榮光を！

鄭芝溶

カフェー・フランス

移し植ゑた棕梠の木の下に
斜に立つ長明燈
カフェー・フランスに行かう。

こいつはルパシカ
もひとりはボヘミアンネクタイ

痩せこけたひよろすけがお先棒だ。

夜の雨は蛇の目のやうに細く
ペーブメントにうつろふ灯影
カフエー・フランスに行かう。

こいつの頭は歪《いび》つな林檎
もひとりの心臓は蝕まれた薔薇《さうび》
燕のやうに濡れた奴が跳んでゆく。

＊1

鸚鵡《ペロット》の旦那　グッ・イヴニング！
グッ・イヴニング！　御機嫌いかが、
鬱金香《チューリップ》お嬢さんは今宵もまた
更紗カーテンの下で假睡《うたゝね》ですね。

わたしは子爵の息子でも何でもない
とりわけ手が白くて悲しい。

わたしには家も郷《くに》もない
大理石のテーブルに觸れる頬が悲しい。

おゝ　異國種の仔犬よ
わたしのつまさきを舐めておくれ
わたしのつまさきを舐めておくれ。

ふるさと

ふるさとにかへり來て
ふるさとの　あくがれわびし。

雛いだく野雉はあれど
ホトトギス　すゞろに啼けど、
ふるさとは　こゝろに失せて

はるかなる港に　雲ぞ流るゝ。

けふまた山の端に　ひとり佇めば
花一つ　あえかに笑まひ、

かのころの草笛　いまは鳴らず
うらぶれしくちびるに　あぢきなや。

ふるさとにかへり來たれど
ふるさとの空のみ蒼し　空のみ蒼し。

紅疫

石炭の中より燃えいづる
太古然たる火を圍み
十二月の夜は　しづかに後へすさる。

玻璃《ガラス》も光らず

窓《まど》帳《かけ》も深く垂れたまゝ
戸には閂《かんぬき》の差されたまゝ——、

蜜蜂の群のごと
吹雪は縺《もつ》れさゞめき
いまいづくの里にか　*紅疫《こうえき》は躑躅と燃えて爛漫たり。

*紅疫——はしか。

不死鳥

悲哀！　爾《なれ》をそも何に喩へむ
いと深きわが裡に爾は生きたり。

さながらに立ちたる矢、翔《かけ》らざる鳥、
傷つける爾《な》が痛苦《いたみ》と　あつき泪をわれは祕む。

爾を委ぬるいづれの隣ぞ、
密かに告げむ　「幸福」はいたく爾を憎めりと。

まこと爾　わが心臓を占むるなりや
悲哀！　おゝわが新婦！　爾がためにわが窓と笑ひを閉
　さむ。

わが青春の盡きたるとある日　爾は死にたり
さはあれど爾を葬る石門はあらざりし。

おのがじし燃えのこれる火の跡に翼をひらく
おゝ悲哀！　爾が不死鳥　わが泪よ。

臨終

わが臨終の夜は
蟋蟀一つも鳴かすな。

終りの罪聽ける神父は
聖なる產婆と　わが靈《たま》を禊《みそ》げかし。

聖母就潔禮　彌撒《ミサ》に用ひのこれる黃燭！

墻《かき》にうつむく向日葵のごと
異れる世の太陽をぞ慕ひ巡らむ。

遙かなる旅路の路銀にとて來たまへる
聖主イエズスの戴ける圓光
わが靈に七色の虹とこそ耀《かゞや》け。

わが生涯《ひとよ》　且つは最終《をはり》の歎かひぞ
白金《はくきん》の　愛の溶爐《るつぼ》の火と燃えよ。

いと甘き聖母《おんはゝ》の御名《みな》を呼ばひて
唇をしも渴かしめよ。

樹

面《おも》は眞直《まつすぐ》に蒼空を仰ぎたるゆゑ
足の恒《つね》に黒き土へ向けられたるは辱めならじ。

種はよし逆さに落づるとも芽は上に、
如何にして植ゑられてし　奇しき樹のわれ。

ほどよき位置、頃合の背丈、

アダムのかなしき遺産をしも身に受繼げり。
わが小さき年輪によりてイスラエル二千年を數へたり
わが在るは　心いらへる宇宙の汚點《しみ》一つ。

渇ける鹿の泉を戀ふるごと
いまぞクリストの御足に滴る聖血に額濕《しめ》さむ。

双手《もろて》に抱きたる　おゝ新約の太陽！

ガリラヤの海

わが胸は
小さきガリラヤの海、

絶間なき汐騒は
美なる風景をなし難し。

曾ての日　弟子らは
いねたまふ主を起したり。

主を起せる　たゞそのゆゑに
かの人らの信徳は　幸なりし。

またも帆は上り
柁は方向を探めたり。

けふ　わが小さきガリラヤに
主の睡《まどろ》みたまへるを！

風凪ぎ　海鎮もれる後《のち》にして
わが嘆息《なげかひ》の悟りたるなれ。

石ころ

石ころ　ころ　ころ…………
こは　わが魂のかけらなり。

病めるピエロのかなしみと
初旅にやつれたる
青つばめのおぼつかなき囀りと、
抓《つね》りて紅みさす血に凝りて

吹降りの異國の町を
嘆きつゝさまよふ。

石ころ　ころ　ころ…………
こは　わが魂のかけらなり。

時計を殺す

夜更けの掛時計は不吉な啄木鳥！
脳髄に突き刺さるミシンの針。

起きて　囀る「時間」を捩ぢ殺す
残忍な手にもつれる生暖い頸《うなじ》！

けふは十時間働けり

疲労した理性が　ひとりでに歯車を廻す。
すでにして生活は一切の憤怒を杜絶せり。
窓ガラスの中で　うろうろと立迷ふ黒熊のあくび。

夢物語は夢にもすまい
必要とあらば涙だつて製造する。

ともあれ　定刻かつきりの睡眠は
高尚な無表情、且つは一趣味。

明日！（日附などどうでもよい永遠の婚禮！）
音もなく滑りゆくわが白金ツェッペリンの悠々たる夜間
航路よ！

朝餉

日出でゝ
暫し、
凛々
谷移す雲。

桔梗の蕾
搖れ淨まり、

筍さながらに
石の根の生ふ。

齒に透る
水の音。

日向擇《よ》りて

うづくまり、
鳥とわびて
白き飯《いひ》啄む。

玻璃窓

玻璃に　冷たく哀しきものまつはる。
より添ひて息吹凝らせば
馴れたるごと　凍れる羽を打ちはたく。
消してはのぞき　消してはのぞけど
闇の夜の退《ひ》きすさり　寄せてはぶつかり——
潤む星　キラリ　寶石を鏤む。
夜獨り玻璃を研《みが》くは

あぢきなの　うつろごゝろぞ、
いたいけの肺血管の裂かれたるまゝ
山鳥のごと飛び去りにし　あはれ吾子《あこ》。

白鹿潭

1

絶頂に近づくにつれて大花薊《おほはなあざみ》の背丈はいよいよ消耗される。ひと尾根を登れば腰が傾き、つぎの尾根では頸《うなじ》がかくれ、さて、しまひには顔だけがちらりとのぞく。花模様の版刷である。風の冷たいこと咸鏡道の涯を思

はせるところで大花薊の背丈はすつかりなくなり、それでも花だけは、八月一ぱいを星と咲き亂れる。山影の薄暗くなる頃は、さらでだに大花薊の花畑で星たちが目を醒ます。ゐながらに星が移る。私はこゝで氣も顚倒する。

2

巖古蘭、丸藥のやうな愛らしい實で咽喉を濕して、やらやくのこと活き返り、やをら私は身を起す。

3

白樺のそばで　白樺が髑髏となるまで生き永へる。自分が死んで白樺のやうに白くなるのも　さまで厭はしくない。

4

鬼も住みつけないさびしい山蔭に鬼管《おにすけ》が晝間でも獨りで怖《こは》がつて眞つ青にふるへてゐる。

5

いかさま　海抜六千呎の上では牛馬《うしうま》が人を人とも思はない。馬は馬づれ、牛は牛づれ、さうかと思へば仔馬が親牛を追ひ、仔牛が親馬を追ひ——、そのうちにはいつか離れてしまふ。

6

初産の苦しさに　牝牛はしんぞこ魂消た。そこで無我夢中、山徑《やまみち》十里を一散走りに駈けつゞけて西歸浦《せいきほう》まで逃

げのびた。まだ水氣も乾かぬさきから親に置去られた仔牛は、モウーモウー鳴立てながら馬でも人でも見境なく附纏つた。身につまされて、これには泣かされた。

7

風蘭の放つ香り、呼び交はす鶯のこゑ、濟州島口笛鳥の口笛吹鳴らす音、石に轉ぶ水音、遠くから來る海鳴りとそれに應へる松籟――。秦皮《とねりこ》、柊柏《つばき》、柏の木立に踏み迷つた私は　ほどなく蔦の匍ふ白い岩のうねくね徑に出る。出會がしらに顔突きあはせた斑馬も逃げよう

としない。

8

雀豌豆、わらび、沙蔘《つりがねにんじん》、桔梗、馬蹄草、熊笹、石茸——、星みたいな鈴をつけた高山植物を一つ一つ思ひかへしては、酔ひつ、眠りつ——、白鹿潭の潔《いさぎよ》い水を慕ひ、山脈《やまなみ》の上に立並んだ行列は雲よりも壯嚴である。夕立に濡れては虹に乾《ほ》し、尻を花汁で染めたまゝ肉《しゝ》がふとる。

9

蛄《ざり》蝲《がに》も匍はぬ白鹿潭の　蒼く湛えた水面に空が廻る。片輪のやうに痺れた私の脚をまはつて牛が行く。追はれた雲一片《ひときれ》にも白鹿潭は曇る。一晝の白鹿潭の身に沁みるわびしさ。うつらうつらと醒めては眠り、眠つては醒め――、さうさう、つい私は祈禱《いのり》さへ忘れてゐたつけ。

（濟州島漢拏山素描）

卞榮魯

うつゝにはえ逢はぬひとを

うつゝには　え逢はぬひとを　ゆめにこそ見むとて
ゆめ越ゆる蒼き峠　辿り來しかど
せんなしや　ゆめの　搖れ　搖れ
なつかしきかのひとの　近しとみればかつ遠き。

あなやわれ　よしなき道につまづきて
相距《さか》るかのひとの　萬里、
ふたゝびは　まみゆる日さへあらなくに
おもかげの
消え失《う》する夢よりもなほ　おぼろしや。

傷心賦

蛆虫も忌み蔑まむわれにして
なにゆゑに　かくも想ひの滾《たぎ》るなる
いやせちに戀ふるこゝろの誇らしや。

燭明《しよくあか》く　いよゝ念ひの暗ければ
いづれにか在はすと知らね　ひたぶるに
戀ひわぶる　胸の潮《うしほ》ぞ　つのるなれ。

人の世の　幸篤かりしをさなごろ
きみとわれ　一つ丘邊に花摘みき
かのころは　花の色さへ濃かりき。

とある日の　われら海邊に遊ぶとき
飛びたるは　羽色白き鳥にして
砂の上《へ》に翳りし影は　紅《あか》かりき。

かゝるとき　いづれより來し風ならむ

砂舞ひて　をさなわれらの目は霞み
うろたへて　互《かたみ》に手をぞ求めたる。

げにわれら風の嫉みを受けてしか
かの風の　裂けて吹けるにあらねども
さながらに　裂かれし衣《きぬ》の西東《にしひがし》。

堰あへぬ　あつき泪の幾年ぞ
いまもなほ　行交《ゆきかひ》にみるおもかげの
きみに似て　きみならぬこそ憂たてけれ。

春の雨

低くかすかに呼ばふ聲あり
出てみたら　おゝ出てみたら——
づしりと睡り載せた乳色の雲が
もの憂げに　且つは氣忙《きぜは》に
蒼空を往き交ふばかり。
喪はれたるなき　このさびしさ！

低くかすかに呼ばふ聲あり
出てみたら　おゝ出てみたら——
遙かな日の想ひ出のやうな
目には見えね　立ちこめた花の香の
ゆらぎをのゝく息吹ばかり。
刺されざるに痛む　この胸！

低くかすかに呼ばふ聲あり
出てみたら　おゝ出てみたら
いまはもう　乳色の雲も花の香もあとなく

鳩の脚染める銀糸の春の雨が
音もせで愁ひのやうに降りそぼるばかり。
來ぬ人待つ　あてどないこの念ひ！

朴英熙

夜空こそわがこゝろ

夜空こそわがこゝろ
闇《くら》けれど　いよゝ深しや
歎かひに　かつは愁ひに
閉さるゝ身にしあれども
こゝに三つ　かしこに五つ
祕めたるは煌《きら》めける星。

夜空こそわがこゝろ
闇けれど　いよゝ涯なし
煩悩は星と散らへど
こゝろ海　千尋の底に
宿れるは　かの海王《かいわう》の
蒼白き面ざしにして。

夜空こそわがこゝろ
ひとすぢに白く光りて
横へる銀河を胸に

たゆたひて　流れ絶えせず
夢　傳説《つたへ》　夜々織りなして
わが小さき幸にこそ副へ。

夜空こそわがこゝろ
夕星は　過ぎし日の愛
暁に残れる星ぞ
わがけふの見出でし希望《のぞみ》
東雲《しのゝめ》の空はなたれて
よしや　影失はるとも。

朴鐘和

からたち

香《かぐ》はしとも香はし
からたちの圓《つぶ》ら實一つ
柔《やは》らなる
黄の實の　そのめでたさ——。

掌《て》にこめて
まろばせば

えいはれぬ和《なご》みぞうれし
世にまたとあるべしや
滑らけきかゝる滑《なめ》らの――。

歡びに　えこそをのゝけ
純潔を戀ふる　わが靈《たま》。

いざよふ香の
鼻に當つれば
いや愛《めぐ》し　貴しや

ゆめうつゝ　魅《みい》られしごと、

こもろへる香《か》よ　いや永く
掌《て》の中《うち》にとゞまれよかし
曇りとどめず　わが靈の拭はるゝまで。

密室

日は
佯《いつは》れる若き日は
天《そら》と地に來り
里々に炎《ほむら》上げて燃ゆるとき
人こそは
生《いのち》こそは
美しき粧ひ凝らし

群なして
笑ひさゞめき
歌ひ　且つ囁きかはす
かゝるとき臨終《いまは》の際《きわ》の
ひとり身を顫ふごと
破《や》れ裂けしこゝろのわれ
仄かなる香のたゆたひ
寂び果てゝ音あらぬ
閉されしわが密室《みつしつ》をぞ目指すなれ。

閾《しきゐ》には　あくびする黑き猫、
梁には愁ふ　はつか鼠。

如何に造物神《かみ》　われもなほ　かの群の一人なる生《いのち》にてありや

わが斯くあることの　まこと生けるなりや
里々に溢れたる　かの甘き蠱惑《こわく》の香の
げにそは僞らぬ「眞《まこと》」にてありや。

月に聽く笛の音に似て

若人らの　こみ上ぐる哄笑《わらひ》
まことそは生《いのち》の證《あかし》なりや
黴《かび》生《お》へる古塚の
朽果てし骸《なきがら》のごと
衢々《ちまたちまた》に蠢《うごめ》けるもの
そはまこと生きたるなりや　まことの生《いのち》流るゝなりや。
さらばかへりゆかむかな　闇に閉せるわが密室へ——。

時節《とき》ぞ澆季の末世
陽の光失する折しも

魂魄《たましひ》の慟哭は
憚らず蜜蜂の夢みる房《ねや》を押包み
姦しく淫行の巣を搖すれど
蠱惑の杯盤に浸りて
人みなは打笑ひさゞめきて　はてしもあへず、

いざさらばかへりゆかむ　常闇のわが密室へ
仄かなる香ぞこもれる　わが密室へかへりゆかなむ。

如何に造物神《かみ》　われに眞《まこと》の生《いのち》を賜へ

世にあらぬものならば鍵をこそ賜へ
冥府《よみ》の扉《と》の鍵をこそ！
常闇の遍路となりて
われ　眞の生《いのち》を探《と》めん。

漆《うるし》落ちたる棺《ひつぎ》を指し
こは眞ぞと教へなば
自らわれ棺に入りて
虚華《いつはり》の人生《ひとよ》を呪詛せむ、
かの星の下　横へる骸に

眞のありと囁かば
走りゆき骸に倚りて
その眞と同伴《みちづれ》せむ。

さなり、世は濁り淀める深き闇
生《いのち》こそ　ゆらぎはためく燭《ともしび》の暈《かさ》、
いや聖《きよ》く若き生を　如何でわれ
淫樂の夢はびこれる
蠱惑の園に投げ與へむや、
さらばわれ　かの冥府《よみ》の

眞の生探《いのち》めゆかむ
鍵を賜へ、冥府の扉の鍵をこそ賜へ。

世の人の研《みが》くは石鏡《かゞみ》
粧ひの　いや凝らさむと
媚　笑ひ　いや湛へむと、
おゝ　鐵《くろがね》を打割らば
眞の音ぞ響くべき
眞の號泣《さけび》聞ゆべき――。

かの天《そら》に星はまどろみ
佯りの若き生ぞ　涯しもあらぬ野に狂ふなれ、
いざさらばかへらなむ
寂びて音なく
仄かなる香立ちゆらぐ
閉せる闇のわが密室へ　いまぞわれかへりゆかなむ。

青磁賦

線は
仄かなる青の線は
轉《まろ》びただよひ
菩薩と見まがふ　ふくよかの
かがよふ肩よ
四月　風薫り、つばくら一羽

今し　水を蹴り　風を截るかたち、

さもあらばあれ　これはこれ
千年の夢　高麗《かうらい》青磁器！

光《ひかり》、澤《つや》、
肌にこもらふ陰影のそのかそけさ、
淨きにも淨き翡翠よ
夕立今し過ぎ
穴穿たれし秋空の一片《ひときれ》——

滴《しづく》したたり　したたり合ひ
眞白《ましろ》なる雲　須臾にして起らむけはひ、

さもあらばあれ　これはこれ
千年の夢　高麗青磁器！

酒甕、土瓶、皿、丼、
香爐、香盒、筆立、硯滴《みづさし》、
花瓶、長鼓、盞、陶枕、
土にして　玉とこそ。

雲の紋、濤の紋、
珠の紋、七寶の紋、
花の紋、白鶴《つる》の紋、
寶相華文　佛陀の紋、
いづれをか　技《わざ》といひ
いづれをか　匠《たくみ》となさむ。

さもあらばあれ　これはこれ
千年の夢　高麗青磁器！

石窟庵

大佛 I

千年を守れる沈默
萬劫　恙あらざり
泰然と在《おは》す御像《みすがた》
學ばまほしや。

猛りさはぐ東海の波濤《なみ》
微笑もて鎮めたまひ
久しかる千年の歳月《つきひ》を
兩《りやう》の腕《かひな》に支へたまふ
巨いなる新羅の功德
御身《おみ》ゆゑにこそ。

朝の光　赫々《かくかく》と　海にさし出づれば
瑞氣　石窟にたなびき

月魄《つきしろ》おぼろなる夜は
すゞしめる御座《みざ》のほとりに　香煙くゆらふ。
いづれにかいまは在る、この匠、この技、
過ぎにたる世をし憶へば
涙流るゝ。

大佛　II

おほどかの兩の腕に
精靈のこもろひたまひ

ゆるやかの右手《めて》の指に
みづみづし　ひそめる生氣、
御膝《おんひざ》に置かせたるやはらの左手《ゆんで》、その掌《たなごころ》に
かしこしや　慈悲の泉の噴き上ぐる。
御眼《おんまなこ》閉ぢたまひ　密かにのたまへる言の葉――
「海乾くとも水干《ひ》ゆべしや
沈默をこそ學べ」とぞ。

內霧在嶺

I

內霧在嶺《ないむざいれい》は　たゞ一面の霧の山
高さも高し、むらさき藍の桔梗さへ　寒さにふるへては
微かに笑ふ。

千年經りた樫《かし》、樅《もみ》、白樺、
斧鉞を入れぬ密林は

しんしんと空へ突きのびて陽光《ひかり》をさへぎり——、
紅、
白、
黄、
名も知れぬとりどりの高山植物の花が
童話のやうに華麗な夢をはぐくむ。
それでも　こゝは霧の山
蝶一つ訪れぬ高い山。

II

眞晝間だといふのに
ちんころ一匹ゐないがらんどうの茶亭、
そこで私達は毀れた茶碗に雀舌茶を汲む。
熱くも冷たくもない　溫《ぬる》つこい茶の味――。

白髪の媼《うば》が出て來る、たゞ一人茶亭を守つてゐるといふ、
虎がこはくはないかね　――さういへば
媼は皺だらけの顔をにんまりさせて

はるか山神堂の祠を指さす。
信仰に生きるこゝろの　ひつそりと茅屋のやうな靜けさ。

III

內霧在嶺は無人境四十里
登り降りは霧の八十里
松の風、雨の音、
さながらに太古に入る。

おゝ海、樹の海、

蒼きを越えて黝々と　そゝり立つ莊嚴の樹海よ
ところどころ　幾抱へもの巨木が
縱橫に朽ち倒れては遺骸のやうに橫たはり
いまのいま息を引取つたばかりの樹の下では
椎茸、初茸、松茸、しめじ、
秋のきのこが　しめやかに匂ふ。

內霧在嶺は無人境四十里
登り降りは霧の八十里
嶮しくて樵夫《きこり》も入らぬ高い山。

朴八陽

夕ぐれ

わたしはそなたの雲雀のやうな語らひを愛する
それにもまして　そなたの言葉なきを愛する
言葉は所詮　美しく小さい一個の玩具
わたしは玩具に飽いた伸びざかりの子供なのだ。

わたしはとりわけ　そなたの歌を愛する
まこと　こゝろ酔ふばかりの恍惚たるその歌よ！

西空に茜映《あかね》ゆる夏の夕ぐれ
そなたのくちずさむ歌　如何ばかりわたしを歡びに魅す
ることぞ。

歌にも心倦むとき　そなたは窓に凭れて沈默する
おゝ　その眞實に滿てる華やかな沈默！
わたしはもの言はず立つくす麗はしいそなたの窓越しに
夏の夕ぐれの燃える茜を夢のやうに憧憬する。

病友

病み臥したきみに念ひを逸《は》せて
僕はいま机前に瞑座してゐる。
夜、侘しい夜、親しい人のいやさらになつかしまれる夜、
いつも孤獨なきみの枕邊に
いまごろ　慰め劬はる誰かゞ來てゐるだらうか。

病み臥したきみに念ひを逸せて
僕はいま　ひとり身じろがずにゐる。
夜、靜かな夜、風の音さへひときはこゝろに泌みる夜、
傷はしや　志容れられざる世に
悶え敗れて病める純情の若き友よ。

さすらひ人

さすらひ人――彼は一個のコスモポリタン
誰もその故國を知らない
大空を翔ける鳥の自由
彼の足には搦むべき何物もない。

さすらひ人――彼は一個のニヒリスト
纒ふ衣の悲しい裾が風に飜る

苦《にが》い過去よ　もの倦い現在よ
彼は　來るべき日の夢さへも流れに浮べる。

さすらひ人——彼は一個の樂天家
失ふものとてはなく　有るはたゞ得るものばかり
ふるさとと　妻と　名と　安樂とは
棄つることにより再び得べき　彼の身上《しんじやう》。

さすらひ人——そなたは　ほろ苦い唾《つば》を吞む、
さすらひ人——そなたはかなしい大空の自由な鳥だ。

春の先驅者

わたしにつゝじを歌へとおつしやる
この貧しい詩人に　つゝじの花を——
淺春の山あひに獨り燃えては
時ならぬ雨風に脆くも散つてしまふ
あのはかないつゝじの花を歌へとおつしやる。

歌ふにはあまりにも痛ましい花、

百日紅の紅さもなく
菊のやうに永らへることも出來ない——
咲いたと思へばぢきに雨風にさらはれてしまふ　あのあ
　はれなはかない花を
いつたい　どんな言葉で歌へばよいのです。

あなたも見られたに違ひない
華やかな春の花に魁けて
冷たい風の吹き交ふ山あひにぽつりと咲いてゐる
春の先驅者、薄紅色のつゝじの花を。

さうですつゝじこそはまこと春の先驅者です
春を告げ知らす豫言者、身を以つて春を傳へる先驅者な
のです
痛ましく脆い薄紅色の花びらこそは　先驅者につきまと
ふ受難の象徴《しるし》なのです。

歌ふにはあまりにも痛ましい花
歌ふよりは抱《いだ》きしめて哭すべき花
けれどつゝじはいふでせう、——冷たい風の山あひで頭《かしら》

を擧げてほゝ笑みながら——
「長へるばかりが花ではない、
紅いばかりが花ではない、
正《まさ》しく訪なふべき春のために
席をしつらへた勳しこそ
まことの花の誇りなのだ」と。

その人

朝な朝な　わたしはその人に行逢ふ
うつくしく聰明なその人に、
微笑のたゞよふその口もとに　朝の光が照りそふとき
え知らぬ幸福にわたしは醉ふ。

その人は怒りを知らない、
その人は渝らぬ親しさで話しかける、

その人は貧しきを卑しめず、
その人は富めるを畏れない。

いつも白い木綿の身づくろひは
その人の心根のやうに淨くすがすがしい、
その人は働きながら書物を讀み
人に逢へば腰をかゞめて挨拶する。

その人は湖水のやうにもの靜かで、
その人は生帛《きぎぬ》のやうにやはらかで、

その人は兄弟のやうに溫く、
その人は學者のやうに智慧深い。

ついぞ愁ひを知らぬその人、
大空のやうに心のどかなその人、
澄み透つた瞳に智慧はかゞやき
引きしまつた口もとに微笑の宿らぬ日とてはない。

朝な朝な　わたしはその人に行逢ふ、
うつくしく淨らなその人に。

李光洙

光

萬物は　光によりて一つ
衆生は　心によりて一つ
心なき衆生ありや
光なき萬物ありや
土よりして　水よりして　光は出づる
火に焚けば　總身はなべてみな光。

日とわれ
もろ〳〵の星とわれ
光によりて一つ身ならずや、
牛とわれ　犬とわれ
心によりて一つ身ならずや、
心凝りて身、身を焚けば心の光。

恒星もとゞかざるあり
赤外線X線も遮るあれど
願ふなき心の光は　遍ねかれ十方世界に。

心

がらんどう！
なんにもなし！
そこへふと　湧き起る雲一つ、
いかづち　轟き
風　雨を呼び、
やがて　さて

がらんどう！
なんにもなし！

路傍

路《みち》傍《はた》に私はゐる
住ひといふほどの住ひではない
ほんの小屋がけです。

往き交ひの誰彼といはず
寄りたいときにお寄り下さい
むさくるしい　狭いところぢやありますが、

ぢきに腰を上げようと
ゆつくり逗留なさらうと　それはお心まかせです。

私は語り手になりませう
ときには興にまかせて歌も歌ふ、
それもお心しだいで
なにがなんでもお聴き下さいといふのではありません。

生あるかぎり
私はこの路傍を離れますまい、

そして語り手になり
歌を歌ふのです。
通りがゝりのどなたでも
氣の向いたときはお寄り下さい
歸りたければ　いつまた歸られてもよろしいのです。

歴史家

歴史家よ
きみの歴史は嘘つぱち！
われらの愛が誌されてない歴史
そんな歴史があるものか、
われらの愛の破綻が誌されてない歴史
そんな歴史は知れたことさ、嘘八百さ。

歴史家よ
きみの筆は追ひまはす——腹藝の茶番狂言や、からくり
　の外交を、
だけれどきみは知るまい
たんぼの畦みち
牧場を吹く風のそよぎに
まことの歴史のかくれてゐるのを——。

歴史家よ
吾子の習ひ覺えた片言を　きみは書いたかね

おつむてん〳〵　あんよは上手を　書いたかね
遊び疲れて寝入つてゐる無心の寝顔も入つてゐるかね
それのない歴史なら知れたことさ、嘘八百に決つてゐるのさ。

はらからよ

はらからよ
崩れのこる石の塔にひざまづき
くちずさむわがうた
聴きたまふや　聴きたまふや。

はらからよ

毀たれし香爐に　顫へる手の
焚きくゆらす紫檀香
聞きたまふや　聞きたまふや。

はらからよ
御身《おみ》を戀ひ　そのあつき胸を戀ひ
城門の外に待ちわびて涓ぐむわれ
見たまふや　見たまふや。

筆一管

筆一管
われら一生《ひとよ》を偕《とも》にせむ

篤き恩《めぐみ》
世に受けしくさ〴〵の恩
いかで酬いむ

何もて酬いむ　すべなしや。

胸ふたぎ
思ひ悶ゆる旅人よ
しばしは憩へ
わが語る言の葉に　耳貸したまへ。

筆一管
われら　物語綴らばや。

無所求

われ御身《おみ》を愛す、
愛したきがゆゑに愛すなり
何をか求めむ。

ありとある「われ」を擧げて御身に捧ぐ、

捧ぐるは　おのがじしなる歡びなれば
求むるところとてはなし。

御身われを愛すとかや、
忝し、こゝろして受けもせむ、さりながら
まこと　われの御身に求むるところとてはなし。

御身

御身に捧ぐるは歡びなり
つゆ惜しからじ、
ゆゑにして　われは布施を學び得たり。

御身に見するとて　夜もすがら
淨め粧《よそほ》へるこゝろ——、
ゆゑにして　われは持戒を學び得たり。

御身より來れるものは
笞《しもと》も愉し、
ゆゑにして　われは忍辱を學び得たり。

あまたある世の人のうち
わが戀ふるは御身一人なる、
ゆゑにして　われは禪定を學び得たり。

ゆめうつゝ　御身を念じ

束の間もわするゝ日はなし、
ゆゑにして　われは精進を學び得たり。

御身の腕《かひな》に　われあるとき
喜びも　哀しみもなし、はたまた御身もわれもなし、
われに薩婆若を敎へたるはかゝるときなり。

いまぞ知る、御身こそは
われに婆羅蜜を知らしめむとて
うつそみの世に現じたる御佛なるを。

李相和

わが寢室

マドンナ　「夜《よる》」ははやかへりゆく　經めぐるに疲れ呆けて
御身《おみ》も東の白まぬうち　水蜜桃のその胸に露置かせて急ぎ來よ。
マドンナ　疾《と》くぞ來よ　眼もて傳へし爾《な》が家の眞珠に
心惹《ひ》かれな身一つで來よ

急がずや　曉來らばいづくともなく隱れ失せなむわれら
　は二つ星なるを。

マドンナ　光とゞかぬこゝろの闇にわれは佇み懼《おそ》れてぞ
　待つ
いつしかに一番雞《はつどり》は鳴き　犬の群吠ゆるなり　いとしき
ひとよ　御身も聽けりや。

マドンナ　いねがての一夜《ひとよ》をこめて粧へるわが寢室《ふしど》へ
　いまぞ來よ

褪せたる月は落ちなむとす　わが耳に聽く跫　おゝ御身なりや。

マドンナ　燃えのこる芯を掻き上げ　身もそゞろ歎きに暮るゝわがこゝろの燈燭《ともしび》を見よ
そよと吹く毛先の風にも息は絶えぐ　ほの蒼きけむり立てゝぞ消ゆるなれ。

マドンナ　いざ來れ　妖《あや》かしの小鬼*にも似て動くともなく動きこ寄るかの山の黝き影

人目怖しや　騷ぐ胸、こゝろのひとよ　爾を呼ぶ。

マドンナ　夜は明くる急ぎ來よ　寺院の鐘の嘲はぬうち
爾が腕《かひな》　いまこそ搦めわが頸《うなじ》に、最後《いやはて》の國へわれらゆか
なむ　この夜とともに。

マドンナ　わが寢室は悔と懼れの彼の岸　訪なふひとは
あらじな
そよぐ風輕やかに、その風の如くに來よ　いとしきひと
よ　まこと來るや。

マドンナ　あはれわれ　ものにくるひて　あらぬ音耳に
　聴きしか
胸の血の終《つひ》の滴《しづく》も　涸《か》れ果てしごと　こゝろ悶ゆる。
マドンナ　ひとたびはゆく路ぞ、さらばいざ　われら往
　かなむ　縛《いまし》めの手縄を待たず、
おゝ　御身のみぞ疑ひ知らぬマリア——わが寝室こそ復《よみ》
　活《がへり》の洞窟《おくつき》なるを。

マドンナ　夜の授けし夢　われらがあざなふ夢　人の世の生《いのち》の夢のいづれ醒めざる、
おゝ　嬰兒《みどりご》の胸のごと歳月《としつき》知らぬわが寢室に　よきひとよ　いまぞ來よ　終りなき國に。

マドンナ　星々の耀き薄れ　夜の潮《うしほ》はいまぞ退《ひ》く
靄《もや》晴れぬ間に疾くぞ來よ　わが想ひびと　爾を呼ぶ。

*妖かしの小鬼――民間說話に現はるゝ小鬼、貧しきを富まし强慾を懲らし等する。

李章熙

虫の聲

今宵もまた椽の下で
虫が鳴いてゐる。

たそがれに光る江水《かはみづ》のやうに
虫の聲の冷えぐ\と沁み入るわびしさ！

夜毎を鳴きすだく虫の聲に
心は涯しない曠野《あれの》をさまよふ。

美しき江

夏の夜の
街路《みち》の明るさ。
灯《ともしび》に集ふ蛾のごと
群がれる　人の
流れの

さながらに
美しき江《かは》一すじよ
この路。

春の海

あそこ
碇おろした汽船《ふね》の煙突から
煙が立ちのぼる。

薄雲を洩れる光は
なつかしい子守唄のやう、
そよ風に漣立つ海の上を

ＶＯ――と
低く汽笛が聞える。

海を見下す芝生の上で
いつか　とろりと
口笛吹くさへもの倦い。

春は猫ならし

花粉のやうな柔かい猫の毛並に
仄かな春の香氣はこもり、

鈴のやうに見開いた猫の瞳に
狂ほしい春の光は閃《きらめ》く。

しづかに結ぼれた猫の口邊に
のどかな春の睡《まどろ》みは宿り、

突き延びた猫の鋭い髯に
あたらしい春の生氣は動く。

雪ぞ降る

冬の日の朝ぼらけ
雪ぞ降る。

かの雪　あまりに白く
雪のけはひ　いとかそけし、
額《ひたひ》しづめて禱らむかな。

よきひとよ　哀しき光
爾が唇を彩るなり
爾もまた　かの雪をいとほしめりや。

雪降りて
われら偕《とも》に禱らむときぞ。

梁柱東

塔

劫初に人類の祖上《おほおや》が手づから礎置きたるバベルの塔――
終焉の日　人類の裔の手に　頂上の石置かるべきバベル
　の塔――

久しかれど未だ成らざりし、
石一つ塔に積まばや。

御身も來よ、永劫の一瞬を
われら相支へて　この石塔に置かむ。

人間頌

愛する者への心よりなる口づけ、
義によりて棄つる命、
隣人の上に注ぐ一掬の泪、
としへの眠りの前に神へ捧ぐる祈り――
いづれか　聖なる「人間」の像《すがた》ならざる。

罪、穢れ、嘆きのさ中にも

人の世にかゝる氣高き一瞬はあり
讃へざらめや。

山路

山路をゆく　ひとり
われ山路をゆく。

陽は落ち　鳥啼かず
獸の跫　かすかなる——

山路をゆく　夜
ひとり山路をゆく。

＊

沈黙《しじま》の夜
闇き杜、

行けどなほ盡きぬ杜
星さへ見えぬ闇き杜

山路嶮しや
山路遠しや。

行程《ゆくて》遙けき山路に
灯《ひ》一つ見ゆ。

(路なき路の果つるはいつぞ
夜の闇の　明くるはいつぞ)

巖の上に
灯一つ見ゆ。

海濱吟

きみ乗せる船とにあらね
空の涯　消えゆく白帆見てあれば
こゝろ憂れたき。

＊

ひとり渚に立ちつくし
長山《ちやうざん》の落照《いりび》に見入れば

波は來てつまさき濡らす　あはれ。

＊

朝は早よから
岩の上で蠣採り
日暮は淺瀨で　貝拾ひ。

波のない夜は
釣船で月出島《つきのでじま》へゆき
かゝらねば　月だけ乘せて漕ぎかへる。

秋夜二題

夜汽車

夜の雨を縫ひ
遠く汽笛が聞える、
その響もいつか細り
汽車は野を越えて　北へ北へと駈けゆくけはひ——。

とこへ行く人たちであらう
この夜更を汽車が運ぶのは、
故國を離れてさすらひゆく
愁ひ多い旅人も　さぞやあの汽車に乗合せてゐたであらう。

さらでだに秋は
別離のかなしみも心に泌むものを
家鄕を棄て　骨肉を離れて
見知らぬ他國へ向はねばならぬ人たち——。

夜が更けても雨は歇まず
耳に殘る汽笛に　どうやら眠られさうもない
今は秋　まして夜雨の降る中を
旅ゆく人の想ひは　どんなにか佗しいことであらう。

砧の音

近隣《ちかく》から響いてくる砧は
夜が更けるにつれて一段と冴えるばかり、

さだめし眠氣もささうに
雞が鳴いてもいつかな止みさうにない。

仲のいゝ相嫁同志
樂しい語らひに興じながら
連添ふ夫の冬衣を心こめて打つといふなら
心も勵まうけれど、

もしや苦勞絶えぬ世帶の
わが身に纒ふ着物どころか

氣のすゝまぬ賃仕事を
急がれて打つてゐる夜なべではないかしら。

柊柏油《とうはくゆ》の燈明も
もの倦げに瞬いてゐやうこの夜更を
瞼も重たからうに　手も疲れように
未だに鳴りつゞいてゐる砧の音。

幼い頃は秋の夜の砧を
墻《かきね》の下でよく歌がはりに聞いたものだが

いまはもう　とりとめもなく往交ふ想念《おもひ》に
幽風七月章　詠みかへす氣にもなれない。

盧子泳

風景

蛇の舌みたいに紅い尻つぽをのたくらせて焚火が燃えさかり、
そのわきの土塀には
瑪瑙のやうな青いかぼちやの鈴生り。

生糸で括つた螢をかぼちやの花の提灯に入れちや　竿の先に結はへてぐる〳〵させながら　隠れんぼをしてゐ

ると
山裾の方で　ほうほうご　ろすけが啼く。

蕋蕇藘があか〳〵と照らされて、
姉さは焚火のそばで唐もろこしをほじくり出し
父《ちやん》は反り刀で莨を刻み
お母やんは團扇で蚊を追ひながら英坊に乳を呑ませてゐる。

夜は水みたいに冷つこくて暗い。

家根の上では　ひつそりと白い匏の花が
五峰山の方へ北斗七星の傾くのを　いつまでもいつまで
も見守つてゐる。

略歴紹介

韓龍雲　明治一二年生。僧侶。「佛教維新論」「佛教大典」「十玄談註解」等の著述及び、詩集「愛人の沈默」長篇小說「黑風」「三國誌」等

金　億　筆名岸曙。明治二八年生。慶應文科に學びたることあり。教員、新聞社員を經て現在京城中央放送局在勤。エスペラント研究家。「キタンヂャリ」「新月」「懊惱の舞踏」等の譯詩集の他「水月の歌」「岸曙詩集」等數種。

金炯元　筆名石松。明治三三年生。普成高普卒業。ホイットマンに私淑し「廢墟以後」其他の初期詩誌に作品を發表。東亜　朝鮮、中外の各新聞に在職、前每日新報社編輯局長。

金廷湜　筆名素月。明治三六年　昭和九年。東京商大卒業。鄉里に於て小學校教員たり、後商業に轉身。素朴なる民謠調を以て愛され、三十三歳を一期に病逝。

詩集「つゝじの花」「素月詩抄」。

金東煥　筆名巴人。明治三四年生。東洋大學文科修業。東亜日報記者を經て昭和四年以來雜誌「三千里」（改稱大東亜社）を發行。創氏、白山靑樹。朝鮮文人協常任幹事。詩集「國境の夜」「昇天する靑春」「海棠花」、他に長篇「戰爭と戀愛」。

金東鳴　明治三四年生。青山學院神學科卒業。詩集「わが琴」「芭蕉」。

洪思容　筆名露雀。明治三二年生。曾て新劇の草分けたりし土月會を指導。大正十一年、朴鐘和、李相和、朴英熙等と共に文藝雜誌「白潮」を創刊す。私財を文藝に散じ現在は路頭に在り。

呉相淳　筆名空超、明治二八年生。同志社大學宗教哲學科卒業。教員を經て爾後放浪生活。曾て牧師たりしことあり　後轉じて僧籍に入りたるも三四年後還俗。大正十一年以後文藝雜誌「廢墟」及び「廢墟以後」の同人たり。

朱耀翰　筆名頌兒。明治三三年生。明治學院中學部及び一高を經て上海滬江大學卒業。曾て雜誌「東光」を經營　東亜日報、朝鮮日報に在勤し、最近までは百貨

店「私信」の事務。創氏、松村紘一。詩集「美しき夜明け」「頌見詩抄」。

趙明熙　筆名抱石。明治二八年生。早大英文科卒業。昭和二年妻子に告げず漂然露領に入り、爾後消息を絶つ。詩集「春の芝生の上に」、創作集「洛東江」戯曲「英一の死」等。「洛東江」最も世評を高む。

鄭芝溶　明治三六年生。同志社大學英文科卒業。現在京城徽文中學教員。終始詩作に一貫し新進の私淑する者多し。昭和五年、雜誌「詩文學」を主宰。詩集「鄭芝溶詩集」「白鹿潭」。

卞榮魯　筆名樹州。明治三一年生。カリフォルニア州セノア大學修了。元「廢墟」同人。梨花專門學校、東亞日報社へ在職したることあり。詩集「朝鮮のこゝろ」。

朴英熙　筆名懷月。明治三三年生。元カップ委員、現思想報國聯盟職員、朝鮮文人協會幹事長。創氏、芳村香道。著書に「懷月詩抄」「戰線紀行」等。

朴鐘和　筆名月灘。明治三四年生。十六歳まで漢文私塾に於て四書三經を專攻。徽文義熟卒業。大正十年、卞榮魯、朴英熙、黃錫禹（譯外）等と共に朝鮮に於け

る詩誌の嚆矢「薔薇村」を刊行、引續き「白潮」同人たり。詩集「黒房秘曲」、

歴史小説「錦衫の血」「待春賦」「多情佛心」、他に隨筆「靑苔集」長篇「前夜」等。

朴八陽　筆名金麗水　明治三七年生。京城法專卒業。東亞日報を經て中央日報社

社會部長、滿蒙日報間島支局長等。詩集「麗水詩抄」。

李光洙　筆名春園。明治二五年生。明治學院中學部を經て早大文學部哲學科に學ぶ。元東亞日報編輯局長。前朝鮮文人協會長。創氏香山光郞。新文化の開花期以後三十年一日、朝鮮文學の啓發指導に盡瘁。小說家として最も名あり、全鮮を風靡したる長編「無情」を始め「有情」「開拓者」「端宗哀史」「土」「人生の香氣」「痲衣太子」等の小說集及び「春園詩歌集」の著あり。

李相和　明治三四年――昭和一八年。東京外語佛語科卒業。元「白潮」及び「文藝運動」同人。四十三歳の四月病逝。

李章熙　筆名古月。明治三五年――昭和四年。元「金星」同人。二十七歳を一期に鄕里大邱に於て自殺。

梁桂東　筆名無涯。明治三六年生。早大英文科卒業。前平壤崇實專門教授。現京城徽新學校教員。大正十二年、詩誌「金星」を、昭和六年「文藝公論」を、それぞれ發刊。「朝鮮古歌研究」の著書及び、詩集「朝鮮の脈搏」。

盧子泳　筆名春城。明治三一年——昭和一五年。平壤崇實中學を經て日大文科二年修了。漢城圖書、東亜日報、朝鮮日報出版部等に在職。曾て青鳥社、新人文學社を經營す。詩集「白孔雀」、他に「愛の焰」「人生案內」等の著あり。四十二歳の秋病歿。

金素雲　（本名　鐵甚平）　明治四〇年釜山絶影島に生る。

職歴　昭和四年京城日報社に入り毎日申報學藝面擔當。昭和八年より十三年まで總督府學務當局の支援を得て朝鮮兒童教育會を設立、傍ら就學兒童の科外雜誌「兒童世界」「新兒童」「木馬」を主宰。

著書　朝鮮傳承童民謠に關する七册（岩波文庫二、新潮文庫一、第一書房其他より四）。兒童書四册（「三韓昔がたり」「石の鐘」「青い葉つぱ」「黃ろい牛と黑い牛」）。他に、譯詩集「乳色の雲」評傳「恩田木工」「朝鮮史譚」等。向後二十年は「國譯朝鮮語辭典」の完成に專念。

朝鮮詩集

出版會承認
ア480335

㊕定價三圓五十錢
特別行爲稅相當額　十二錢　合計三圓六十二錢

昭和十八年八月　十　日印刷
昭和十八年八月十二日發行　（初刷五、〇〇〇部）

著　者　鐵《てつ》　甚《じん》　平《ぺい》

發行者　平　尾　佐　一
東京都中野區野方町一ノ六三一

印刷者（東東二一七）木　藤　秀　雄
東京都京橋區湊町三丁目二番地

發行所　株式會社　興　風　館
出版會登一一〇二〇六號
東京都神田區一ツ橋　敎育會館
電　話（33）四一五一―四一五五
一七四〇

配給元　日本出版配給株式會社
東京都神田區淡路町二ノ九

朝鮮詩集　全三冊　金素雲譯

朝鮮詩壇四十年の總決算!!

狹隘な言葉の檻の中で孤壘を守りつゞけた朝鮮の秀でた詩心が、鏤彫の名譯を得て宛然金石の如き鏗鏘嚠喨の韻《ひゞき》を傳へる。吾々が朝鮮に就て知らねばならぬことは多々あるが、この三卷の譯詩集の如きは内鮮文化の逞ましく力強い交流結束の布石たる意味に於て急且つ最たるもの丶一つである。

金素雲氏の手になつた譯詩――、そこに見出される詩魂なり詩才なりといふものは恐らく世界的の高水準にあるもので、我々の今日の日本詩壇の現狀からは寧ろ羨望に價する品位と氣質のものであつた。譯詩家としての金素雲氏の才能天分を假りにして例にとつてみても、凡そ朝鮮詩人の資質といふものが如何に刮目に價するものなるかは明かであらう。

三好達治氏著「屋上の鷄」より

〈中期〉 前期に引續き大正末期より昭和十年頃までの中堅詩人二十餘名を選譯。辛夕汀、金允植、林和、毛允淑、**金起林、李陸史、白石、柳致環等**　（九月上旬發行）

〈後期〉 昭和十年前後より最近に至るほゞ十年間の新人選集。卷末に「朝鮮詩壇年譜」。申石艸、趙靈出、徐廷柱、吳章煥、趙芝薫、李庸岳等　（十月上旬發行）

各冊　A5判三二〇頁前後
定價㊁　三圓五十錢
特別行爲税相當額十二錢
合計三圓六十二錢〒十錢

영인

조선시집 전기
朝鮮詩集 前期